Impromptus

PERSPECTIVES CRITIQUES

Collection dirigée

par

Roland Jaccard

IMPROMPTUS

ANDRÉ COMTE-SPONVILLE

PRESSES UNIVERSITAIRES DE FRANCE

à Sylvie Thybert-Detallante

ISBN 2 13 047780 1

Dépôt légal — 1re édition : 1996, septembre

© Presses Universitaires de France, 1996
108, boulevard Saint-Germain, 75006 Paris

AVANT-PROPOS

A personne, sauf à ceux qui y prendront plaisir.
Schubert (dédicace de son dernier Trio).

Ce recueil doit beaucoup à Schubert : son titre, une part de son contenu, peut-être même son existence. Il doit aussi à Montaigne, et cette rencontre, qui n'était pas prévisible, dit sans doute l'essentiel. Si je n'avais pas découvert Schubert, vers vingt-trois ans, s'il n'avait pas changé ma vie, qui en avait besoin, s'il ne m'avait pas changé moi-même, puis si je n'avais pas lu Montaigne, quelques années plus tard, s'il n'avait pas changé ma pensée, mes goûts, mes projets, aurais-je jamais osé, aurais-je jamais su écrire ces petites pièces de prose sans prétention, ou sans autre prétention, de la part de leur auteur, que d'écrire au plus près de soi, comme Schubert composait, comme Montaigne écrivait, au plus près de la vie réelle, avec ses angoisses, ses incertitudes, ses à-peu-près, au plus près de son essentielle fragilité, de son essentielle finitude, de son essentielle et définitive improvisation ?

Qu'est-ce qu'un impromptu ? C'est une petite pièce, le plus souvent de théâtre ou de musique, composée, comme dit Littré, « sur-le-champ et sans préparation ». Cela correspond exactement à la première version des douze articles qui suivent, tels qu'ils furent écrits, toujours sur commande, pour telle ou telle revue ou publication. Je ne me suis pas interdit pour autant de les reprendre, de les corriger, de les développer parfois, mais avec l'idée toujours de rester fidèle au premier jet, à l'invention du moment, comme faisait Schubert, comme faisait Montaigne, entre pensée et confidence, entre émotion et réflexion...

Est-ce de la philosophie ? De la littérature ? Je ne sais, je m'en moque : je laisse cette question à ceux qu'elle intéresse encore. Montaigne m'a libéré de ces étiquettes, de cette manie du classement. Il en libérera d'autres. Sans vouloir l'imiter, j'ai essayé de le suivre, à ma façon, même de loin, même mal. Des *essais* ? C'est le mot qui conviendrait le mieux, si l'exemple de Montaigne n'était à ce point écrasant, et si le mot n'avait, au cours des siècles, quelque peu changé de signification. Le terme d'*Impromptus* dit mieux ce que ces pages ont de fragile, de provisoire, de quasi improvisé... On m'objectera que la référence aux *Impromptus* de Schubert est écrasante aussi, et l'on aura raison. Mais je ne suis pas musicien ; cela rend la confrontation plus légère.

Ce titre se justifie enfin par un certain climat intérieur, qui me fait penser à Schubert, là encore, ou que je crois retrouver chez lui, une espèce de mélancolie qui affleure dans ces textes, et que je connais bien. Comme la tristesse revient, dès que la pensée se relâche ! Il faut l'accepter aussi. Que vaudrait une joie qui ne serait que de tension, d'effort, de commande ? C'est où le stoïcisme échoue, peut-être, ou touche à sa limite. Et que vaudrait une pensée qui serait coupée de la vie, gaie ou triste, qui la motive ou qu'elle surmonte ? C'est où la philosophie s'égare, bien souvent, et qui la rend si ennuyeuse parfois. J'ai voulu essayer autre chose : Schubert m'importe davantage qu'Épictète ; Montaigne, davantage que mes collègues.

Bref, ce n'est ici qu'un livre sans importance, qu'il faut aimer ou quitter. Adieu donc, lecteur, et que la vie te soit douce.

Bonjour l'angoisse !

La peur est le premier sentiment sans doute, au moins *ex utero* : quoi de plus angoissant que de naître ? Et il doit arriver souvent qu'elle soit le dernier : quoi de plus angoissant que de mourir ? Voilà : nous naissons dans l'angoisse, nous mourons dans l'angoisse. Entre les deux, la peur ne nous quitte guère. Quoi de plus angoissant que de vivre ? C'est que la mort est toujours possible, que la souffrance est toujours possible, et c'est ce qu'on appelle un vivant : un peu de chair offerte à la morsure du réel. Un peu de chair ou d'âme exposées là, en attente d'on ne sait quoi. Sans défenses. Sans secours. Sans recours. Qu'est-ce que l'angoisse, sinon ce sentiment en nous, à tort ou à raison, de la possibilité immédiate du pire ?

Un sentiment ne se réfute pas, et celui-là moins que les autres. Que le pire soit en effet possible, toujours possible, qui peut le nier? Certains ne semblent séparés de l'angoisse que par la pauvreté de leur imagination, comme s'ils étaient trop bêtes ou trop intelligents pour avoir peur. Je les envie parfois, mais à tort. L'angoisse fait partie de notre vie. Elle nous ouvre au réel, à l'avenir, à l'indistincte possibilité de tout. Qu'il faille s'en libérer, c'est ce qu'elle indique suffisamment elle-même, par l'inconfort. Mais point trop vite ni à n'importe quel prix. La peur est une fonction vitale – c'est un avantage sélectif évident –, et nous ne saurions longtemps vivre sans elle. L'angoisse n'est sans doute que sa pointe la plus fine, la plus sensible, la plus raffinée... Trop? Qui peut en juger? Que serait l'homme sans l'angoisse? L'art, sans l'angoisse? La pensée, sans l'angoisse? Puis la vie est à prendre ou à laisser, et c'est aussi ce que l'angoisse, douloureusement, nous rappelle. Qu'il n'y a pas de vie sans risque. Pas de vie sans souffrance. Pas de vie sans mort. L'angoisse marque notre impuissance, c'est en quoi elle est vraie aussi et définitivement. Nos petits gourous me font rire, qui veulent nous en protéger. Ou nos petits *psys*, qui veulent nous en guérir. Que ne nous guérissent-ils plutôt de la mort? Que ne nous protègent-ils plutôt contre la vie? Il ne s'agit pas d'éviter, mais d'accepter. Non de guérir, mais de traverser. L'univers ne nous a rien promis, disait Alain. Et quoi d'autre que l'univers ? Comment serions-nous les plus forts ? Tout nous menace ; tout nous blesse ; tout nous tue. Quoi de plus naturel que l'angoisse ? Les animaux n'en sont protégés, s'ils le sont, que par une attention trop étroite au présent. Mais nous, qui nous savons mortels ? Qui n'aimons que cela, hélas, qui va mourir ? Quoi de plus humain que l'angoisse ? La mort en délivre, certes, mais sans la réfuter. Certaines drogues la soignent, mais sans la démentir. Vérité de l'angoisse : nous sommes faibles dans le monde, et mortels dans la vie. Exposés à tous les vents, à tous les risques, à toutes les peurs. Un corps pour les blessures ou les maladies, une âme pour les chagrins, et l'un et l'autre promis à la mort seulement... On serait angoissé à moins.

Je n'ai évoqué qu'en passant la différence entre la peur et l'angoisse, et je n'ai rien dit de l'anxiété. Ces subtilités terminologiques ne m'intéressent guère. Pourquoi la langue aurait-elle raison ? Le corps en sait plus. La vie en sait plus. On distingue souvent la peur, qui supposerait un danger réel, de l'angoisse, qui ne porterait que sur des dangers imaginaires, voire serait sans objet. Et sans doute ce n'est pas la même chose d'avoir peur d'un chien réel, qui vous menace, ou d'on ne sait quoi, qui vous étreint. Est-ce si simple pourtant ? L'enfant

qui a peur du noir, comme on dit, a-t-il peur de
quelque chose de déterminé ? de réel ? d'imaginaire ? A-t-il peur des fantômes, des voleurs, de la
mort ? A-t-il peur de rien ? de tout ? Cela dépend
bien sûr des enfants et des moments. Mais il a
peur, c'est ce que chacun sait bien, et qu'il dit en
effet. Croit-on que sa peur changera de nature
parce qu'on l'aura baptisée anxiété, angoisse ou
phobie ? « Quelque diversité d'herbes qu'il y ait,
disait Montaigne, tout s'enveloppe sous le nom de
salade. » Quelque diversité de peurs, pareillement,
sous le nom d'angoisse ou d'anxiété. Ce ne sont
que des mots, et nous n'en aurons jamais assez
pour dire l'infini du réel ou de nos frayeurs. Que
les spécialistes aient besoin de ces catégories, certes.
Mais l'angoisse, non. Mais la peur, non. Un objet ?
Pas d'objet ? Qui peut le savoir, quand il a peur ?
Vous marchez seul, la nuit, dans une rue déserte et
sombre d'un quartier désolé... Ou bien dans une
forêt, et la nuit n'est jamais si noire que dans les
forêts... Avez-vous peur *qu'il y ait quelqu'un*, ou *parce
qu'il n'y a personne* ? Les deux sans doute, et indissociablement. Et puis d'autre chose aussi, qui
effrayait déjà le petit enfant que vous étiez : les
fantômes peut-être, ou les voleurs, ou l'obscurité,
ou la folie d'une mère, ou la vôtre... Quant à
savoir si l'objet est réel ou fantasmatique... Qui
peut être sûr que les fantômes n'existent pas ? Et
que lui importe, s'il les craint malgré tout ? La

peur fait un réel suffisant : les fantasmes font partie du monde, et il faut bien se défendre aussi contre ce qui n'existe pas. Quoi de plus réel que la mort ? Quoi de plus imaginaire pourtant ? Est-elle un objet possible ? Peut-être pas, mais qui n'en est que plus effrayant, comme néant nécessaire... Peur ? angoisse ? anxiété ? Nous n'en mourrons pas moins. La vie est trop courte pour se payer de mots. Et trop difficile pourtant pour s'en passer.

Il m'est arrivé, parce qu'on m'interrogeait, de distinguer la peur, face à un danger réel, de l'anxiété, qui ne porterait que sur des dangers possibles, et de l'angoisse, qui porterait sur un danger nécessaire. Je voulais par là prendre en compte non seulement une espèce de gradation (l'anxiété est moindre que la peur, me semble-t-il, et moindre aussi que l'angoisse), mais surtout ce qu'il y a d'inéluctable dans le sentiment même de l'angoisse, ou plutôt le sentiment qu'elle donne de l'inéluctable, comme d'un danger qu'on ne pourra ni éviter ni surmonter, comme d'une mort certaine, ce qu'elle est en effet, et prochaine, ce qu'elle n'est pas toujours... L'angoisse est une peur imaginaire et nécessaire — sans objet réel, sans issue possible. C'est pourquoi elle nous tient et nous ronge. Comment pourrait-on vaincre, quand il n'y a rien à affronter ?

Je sais bien qu'il faut distinguer ici la crise d'angoisse, avec ses manifestations somatiques si specta-

13

culaires, de l'angoisse existentielle, qui en est le plus souvent dépourvue. Mais il n'est pas indifférent qu'on utilise le même mot, et que l'idée de la mort, pour décrire l'une et l'autre, intervienne si spontanément. *« Docteur, elle dit qu'elle va mourir ! »* C'était le titre d'un long article qu'un hebdomadaire grand public consacra, il y a quelques mois, aux crises d'angoisse et à leur traitement d'urgence (en l'occurrence par SOS-Médecins) dans la région parisienne. Et l'on imagine le malheureux compagnon déboussolé qui lui tapote la main, ou la malheureuse collègue, ne sachant que répéter en attendant le médecin, pour la rassurer, ou pour se rassurer soi-même : *« Mais non, mais non, tu ne vas pas mourir... »* Si, pourtant, elle va mourir – mais pas tout de suite. Elle n'est malade que d'anticiper, que d'avoir raison, comme on dit, trop tôt. Mais qu'est-ce que cela change au fait ? L'angoisse se trompe sur les délais, sans doute ; mais sur la mort ? C'est comme un court-circuit du temps. Un raccourci insupportable vers l'essentiel. On songe à Pascal, et il est vrai que l'angoisse lui donne raison, ou qu'il donne raison à l'angoisse. Souvenez-vous : *« Qu'on s'imagine un nombre d'hommes dans les chaînes, et tous condamnés à la mort, dont les uns étant chaque jour égorgés à la vue des autres, ceux qui restent voient leur propre condition dans celle de leurs semblables, et, se regardant les uns et les autres avec douleur et sans espérance, attendent à leur tour. C'est l'image de la condition des*

hommes.» Comment ne seraient-ils pas angoissés ?
Contre quoi chacun se débrouille comme il peut.
*« Il faudrait, pour bien faire, qu'il se rendît immortel ; ne
le pouvant, il s'est avisé de s'empêcher d'y penser...»*
Angoisse ou divertissement. Ne disons pas trop vite
que la santé est exclusivement du côté de celui-ci,
ni que celle-là, en conséquence, serait toujours
pathologique. La santé mentale ne saurait se
mesurer au seul bien-être. L'angoisse du séroposi-
tif, l'angoisse du condamné à mort, l'angoisse de la
mère dont l'enfant est malade, qui les jugera
pathologiques ? Et qui ne voit que la nôtre en
quelque chose à la leur ressemble ? Lequel d'entre
nous échappera à la mort ? Et lequel de nos
enfants ? Que peuvent les anxiolytiques contre une
idée vraie ? Cela n'empêche pas de les utiliser,
quand il le faut, quand la vie serait autrement
insupportable ou atroce. Mais le faut-il toujours ?
Et n'est-ce pas cher payer, bien souvent, que de ne
supprimer la souffrance – par médication ou divertissement – qu'au prix du courage et de la lucidité ? Est-ce la santé que l'on veut, ou le confort ?
La capacité d'affronter le réel, ou la possibilité de
le fuir ?

Qu'on me comprenne bien : je n'ignore pas qu'il
existe des anxiétés pathologiques, qui méritent
traitement. J'en ai vu d'assez près. Je revois encore
Althusser, dans sa clinique, incapable presque de
parler, de manger, de déféquer (le corps tout

15

entier noué d'angoisse, m'expliquait-il), suppliant les infirmières d'augmenter les doses d'anxioly-tique... Puis d'autres souvenirs, plus proches, que je ne dirai pas. Les progrès de la chimiothérapie, en matière psychiatrique, ceux aussi, quoique moins spectaculaires, des psychothérapies, font partie des bonnes nouvelles de ce temps, et l'on aurait tort de les mépriser. Trop de souffrance se joue là, pour les malades et pour leurs proches. Trop de malheur. Trop d'impuissance. Un de mes amis par exemple, me racontant ses crises d'an-goisse et de dépression, me parle de ce nouveau médicament qui nous vient des États-Unis, qui lui a sans doute sauvé la vie, dit-il, et sans effets secon-daires observables... Il faudrait être bien niais ou bien insensible pour faire la fine bouche. Qui ne préfère les neuroleptiques à la camisole de force, les antidépresseurs aux électrochocs, les anxiolytiques à l'internement ? Je vois qu'on s'offusque, ici ou là, que tant de nos contemporains consomment des psychotropes. Mais où est le mal, s'ils en vivent mieux ? Est-ce le cas ? C'est ce qu'ils doivent exa-miner, avec leur médecin, et que personne ne sau-rait décider à leur place. La souffrance commande. L'horreur commande. Chacun résiste comme il peut. Est-ce notre faute si nous n'avons plus la foi ?

N'oublions pas pourtant que la médecine ne vaut que pour les malades, et qu'on ne saurait considérer comme tel tout individu qui craint de mourir, de souffrir ou de n'être pas aimé. Où est le symptôme ? où est la pathologie ? Il souffrira en effet, il mourra en effet, et ne sera jamais aimé, bien évidemment, comme il l'aurait voulu. Et alors ? Il lui reste à affronter cela, à accepter cela, à surmonter cela, s'il le peut, plutôt qu'à le fuir. Il en souffre ? Mais où a-t-on vu que toute souffrance soit pathologique ? Que toute souffrance soit néfaste ? Elle l'est, si elle empêche de vivre ou d'agir. Mais si elle y aide ? Si elle y pousse ? Si elle est facteur de révolte ou de combat ? Va-t-on renoncer à penser, parce que cela angoisse ? A vivre, parce que cela fait peur ? A aimer, parce que cela fait mal ? Acceptons plutôt, autant que nous pouvons, et nous le pouvons malgré tout, au moins un peu, au moins parfois, et c'est le signe justement de notre santé, acceptons plutôt de souffrir et de trembler. Qui n'a peur pour ses enfants, et faut-il pour cela courir chez le psychiatre ? Qui n'a peur de la maladie, de la vieillesse, de la solitude ? La vie est ainsi faite qu'on ne peut échapper à tel de ces maux (par exemple la vieillesse) qu'en tombant dans tel autre (par exemple une mort prématurée). C'est d'ailleurs pourquoi la vie est parfois plus facile, malgré tout, que l'image qu'on s'en était faite : parce que les angoisses s'additionnent, presque toujours (nous craignons à la fois la vieillesse et la mort prématurée), alors que les maux, parfois et nécessairement, se soustraient. On craint

mille morts, et l'on n'en vit jamais qu'une... Toute
angoisse est imaginaire ; le réel est son antidote.

Il n'en reste pas moins que la vie est en effet insa-
tisfaisante, du moins tant qu'on attend autre chose
(« l'angoisse est incontestablement en relation avec
l'attente », écrivait Freud), et que l'angoisse toujours accompagne nos rêves, ou les précède. Que la
peur soit première, c'est ce que je crois, et qu'on
n'espère jamais que sur la base d'une nostalgie ou
d'une peur (d'une nostalgie *et* d'une peur) préala-
bles. Ce qu'on espère, c'est ce qu'on a perdu, peut-
être bien, ou que l'on craint de perdre. Toujours
est-il que l'angoisse et l'espérance vont ensemble.
« Pas d'espoir sans crainte, disait Spinoza, pas de
crainte sans espoir. » On n'espère que ce qu'on n'a
pas, que ce qu'on ignore, que ce qui ne dépend pas
de nous : comment ne serait-on pas angoissé ? Et
comment n'espérerait-on pas, puisqu'on a peur ?
Qu'on puisse s'en libérer, peut-être. « Les affections
de l'espoir et de la crainte ne peuvent être bonnes
par elles-mêmes », écrivait encore Spinoza, et tous
les efforts de la raison tendent à nous en affranchir.
De là ce que j'ai appelé le désespoir, que Freud
appelle le travail du deuil, et qui n'est que l'acceptation de la vie telle qu'elle est, difficile et risquée,
fatigante, angoissante, incertaine... Rien n'est
acquis jamais, rien n'est promis jamais, que la
mort. Aussi ne peut-on échapper à l'angoisse qu'en
acceptant cela même qu'elle perçoit, qu'elle refuse,

et qui l'affole. Quoi ? La fragilité de vivre, la certitude de mourir, l'échec ou l'effroi de l'amour, la solitude, la vacuité, l'éternelle impermanence de tout... C'est la vie même, et il n'y en a pas d'autre. Solitaire toujours. Mortelle toujours. Déchirante toujours. Et si fragile, si faible, si exposée ! « Tout contentement des mortels est mortel », disait Montaigne ; c'est ce que l'angoisse voit bien (par quoi elle a raison contre le divertissement), mais qu'elle ne sait accepter. La sagesse vaudrait mieux, qui saurait dire oui. Mais qui en est capable ? Le divertissement en tout cas ne saurait en tenir lieu : ce n'est pas dire oui que de parler d'autre chose... Ni la santé, qui ne dit rien. Comme ils voudraient en faire une philosophie ! une sagesse ! une religion ! Contre la maladie ? La médecine. Contre l'angoisse ? La médecine. Contre la mort ? La médecine. Et contre la vie, quoi ? La médecine ? Marché de dupes ! La vie n'est pas une maladie, ni la mort, ni donc l'angoisse qu'elles inspirent l'une et l'autre, du moins cette angoisse-là, qui n'empêche pas de vivre, qui n'empêche pas de penser, mais qui naît au contraire de ce qu'on vit et pense, comme on peut, à tous risques, sans savoir (si l'on savait vivre et penser, que resterait-il à penser et à vivre ?), sans même pouvoir apprendre véritablement, ou trop tard pour que cela puisse servir longtemps ou changer l'essentiel. « Le temps d'apprendre à vivre, il est déjà trop tard... » Mais jamais trop tard pour avoir peur, ni trop tôt, et c'est ce que signifie l'angoisse. Qu'il y a toujours assez d'avenir devant soi pour effrayer, toujours trop peu pour rassurer ou consoler. Vérité de l'angoisse : le temps est cette ouverture sur l'avenir, ou il n'est rien. Par quoi l'on n'a le choix qu'entre l'angoisse et l'éternité, ou plutôt ce n'est pas un choix mais les deux pôles de vivre. Il n'est pas sûr qu'ils s'excluent. Tout est éternel, sans doute, puisque tout est présent ; mais rien n'est définitif que la mort.

On raconte en Orient cette histoire, dont je ne sais plus si elle est d'origine bouddhiste ou taoïste. Un moine chemine dans la forêt, pensif et soucieux. Ce n'est qu'un moine ordinaire, non un sage, non un libéré vivant : il n'a pas connu l'éveil, il n'a pas connu l'illumination. Pourquoi est-il soucieux ? Parce qu'il a appris que son maître − qui était, lui, un sage, un libéré vivant, un éveillé −, que son maître, donc, est mort, ce qui n'est pas grave, assassiné à coups de bâtons par des brigands, ce qui ne l'est pas davantage. Nul besoin d'être un sage pour comprendre qu'il faut mourir un jour ou l'autre, et que la cause n'importe guère, que ce n'est qu'impermanence et vacuité. N'importe quel moine sait cela. Pourquoi alors ce front soucieux, cette perplexité, cette inquiétude vague ?

Parce qu'un témoin, qui vit la scène, rapporta à notre moine que le sage, sous les coups de bâtons, avait crié atrocement. Et voilà ce qui perturbait notre moine. Comment un libéré vivant, un éveillé, un bouddha, pouvait-il crier atrocement pour quelques coups de bâtons impermanents et vides ? A quoi bon la sagesse, si c'est pour crier comme le premier ignorant venu ? Tout à cette méditation, notre moine ne vit pas s'approcher une bande de brigands, qui l'attaquent soudain et lui brisent les os à coups de bâtons. Sous les coups, notre moine cria atrocement. En criant, il connut l'illumination.

Ce que j'en tire comme leçon ? Entre autres celle-ci, que la douleur et l'angoisse font partie du réel. Qu'elles font partie du salut. Qu'elles sont éternelles et vraies, tout autant que le reste. Et que la sagesse est dans l'acceptation du réel, non dans sa dénégation. Quoi de plus naturel, quand on a mal, que de crier ? Quoi de plus sage, quand on est angoissé, que de l'accepter ? « Tant que tu fais une différence entre le samsâra et le nirvâna, disait Nâgârjuna, tu es dans le samsâra. » Tant que tu fais une différence entre ta pauvre vie et le salut, tu es dans ta pauvre vie.

Je ne sais s'il est vrai que toute angoisse est de mort, comme je l'ai cru parfois ; mais toute vie étant mortelle, comment échapperait-on à l'angoisse ? Ni si toute angoisse révèle le néant, comme le voulait Heidegger, sur quoi se détachent la contingence ou l'étrangeté de l'être (pourquoi y a-t-il quelque chose plutôt que rien ?) et de nous-mêmes comme étants. Mais tout être étant contingent, comment échapperait-on à l'angoisse et à l'étrangeté ?

Pourquoi quelque chose plutôt que rien ? Pourquoi cela plutôt qu'autre chose ? Moi, plutôt qu'un autre ? Vivre, plutôt que mourir ? Ainsi, plutôt qu'autrement ? Toutes les pilules du monde, si elles peuvent nous faire oublier ces questions, ne sauraient les abolir – et encore moins y répondre.

Qu'est-ce que la santé psychique ? La capacité peut-être d'affronter le réel et le vrai sans y perdre toute force, toute joie, toute liberté. Où il y a place pour l'angoisse, et c'est ce qui distingue la santé de la sagesse. Car le sage (« en tant qu'il est sage », comme dit Spinoza, et bien sûr nul ne l'est tout entier), le sage, donc, est libéré d'angoisse, sans doute, mais pour autant seulement qu'il est libéré de soi. Plus personne à sauver, et c'est le salut même. Plus de moi : plus de prise pour la mort ou l'angoisse. Nirvâna : extinction. Mais c'est qu'il n'y a plus que la lumière. Mourir à soi-même ? Si l'on veut. Mais c'est naître enfin, vivre enfin, au lieu de faire semblant. Le moi n'est rien que l'ensemble des illusions qu'il se fait sur lui-même. La sagesse en libère, mais sans le sauver. Ou le sauve, mais en le perdant. Narcisse n'y trouve pas son compte, et c'est pourquoi il tremble. Même la sagesse lui fait peur, qui ne le libérerait qu'en dissipant ces mirages qui sont lui. C'est le vrai prix à payer, et aucune drogue, aucune thérapie − ni aucune philosophie − ne saurait nous en dispenser.

Pour nous, qui n'en sommes pas là, qui en sommes très loin, il nous reste à accepter l'angoisse, à l'habiter, et le plus sereinement que nous pouvons. Ce n'est qu'un demi-paradoxe. Pourquoi faudrait-il *avoir peur d'avoir peur* ? Si le sage est celui qui n'a plus d'angoisses, le philosophe est peut-être celui qui ne s'angoisse plus d'en avoir.

Qu'est-ce que la santé psychique ? C'est l'état, cette définition en vaut une autre, qui rend la philosophie possible, et d'ailleurs nécessaire. On dira qu'il y eut des philosophes fous. Mais l'eussent-ils été tout à fait, ils n'auraient pas philosophé ; le sont-ils devenus complètement (Nietzsche), ils ne philosophèrent plus. Qu'un philosophe, parfois, ait besoin d'un psychiatre, cela ne saurait donc dispenser les psychiatres de philosopher. C'est ce que l'angoisse rappelle aux uns et aux autres, marquant les limites de la philosophie, quand l'angoisse est pathologique, comme de la médecine, quand elle ne l'est pas. Que ces limites soient floues, qu'elles se chevauchent parfois (où s'arrête le normal ? où commence le pathologique ?), c'est une évidence, mais qui ne saurait les abolir. L'angoisse existentielle n'est pas une maladie ; la névrose d'angoisse n'est pas une philosophie. Bon travail à tous !

L'argent

IL nous faut si peu pour vivre : comment se fait-il qu'il nous faille tant, semble-t-il, pour vivre bien ? Mais tant de quoi ? De tout, et c'est ce qui serait impossible à mesurer sans l'argent. Si la monnaie est « l'équivalent universel », comme disait Marx, c'est qu'elle peut s'échanger contre n'importe quoi, en tout cas contre n'importe quelle marchandise, dont elle sert ainsi à quantifier la valeur. Il en résulte que tout ce qui peut s'acheter a un prix, et que tout ce qui a un prix peut s'acheter... Comment n'aimerait-on pas l'argent ? Il faudrait n'aimer rien, puisque l'argent mène à tout.

A tout ? Du moins à tout ce qui peut se posséder, et bien sûr ce n'est pas tout, et bien sûr ce n'est pas l'essentiel. Mais qui pourrait s'en passer ? Un propriétaire sommeille en tout homme, que l'argent réveille. Vendre ? Acheter ? Il s'agit toujours de posséder. L'argent est un instrument d'échange, mais on ne peut échanger que ce qu'on a contre ce qu'on n'a pas : l'échange suppose la possession, puisqu'il la déplace. C'est dire qu'il lui reste soumis. Aussi n'est-ce pas l'échange qu'on aime, dans l'argent, mais la possession elle-même. C'est ce qu'illustre l'avare, à qui la possession suffit. Quant au marchand, qui peut croire qu'il travaille pour l'amour du commerce ou de son prochain ? Il travaille pour s'enrichir, comme tout le monde : l'échange tend à la possession, non la possession à l'échange.

Mais pourquoi veut-on posséder ? Parce qu'on veut jouir, parce que la possession est une jouissance, parfois, et parce que toute jouissance surtout, ou presque toute jouissance, suppose une possession. On dira que les animaux s'en passent. Voire. L'ingestion est la première possession, et le modèle de toutes. Puis ils ont leur territoire, leur tanière, parfois leurs réserves... Mais laissons les animaux. L'homme veut posséder parce qu'il veut jouir : il veut posséder parce qu'il veut consommer.

La passion de posséder n'échappe pas au jeu ordinaire du désir. Il s'agit toujours de jouir le plus possible et de souffrir le moins possible : la consommation n'est qu'une occurrence parmi d'autres du principe de plaisir. Petites causes, grands effets... Les plus hautes civilisations sont nées d'abord de l'égoïsme, et pour l'égoïsme. Du désir, et pour la jouissance. De l'échange, et pour la possession. C'est à quoi sert aussi la monnaie. Il est bon, par les temps qui courent, de relire parfois le vieil Engels : « La basse cupidité fut l'âme de la civilisation, de son premier jour à nos jours, la richesse, encore la richesse et toujours la richesse, non pas la richesse de la société, mais celle de ce piètre individu isolé, son unique but déterminant. » Qui oserait dire que cela n'est plus vrai aujourd'hui, ou que cela l'est moins ? La « société de consommation », comme on disait dans les années soixante, n'a pas été dépassée, ni sans doute ne peut l'être. Simplement elle a cessé de choquer, et chacun admet maintenant comme une évidence, et c'en est une, même si elle est déplaisante, que la gigantesque organisation de nos sociétés modernes, si savantes, si performantes, ne tend qu'à l'augmentation de nos petits plaisirs... C'est ce qu'on appelle le marché, et cela ne mérite pas un autre nom.

Je ne condamne pas : je constate. Qui travaillerait *pour rien* ? Tout au plus travaille-t-on pour le plaisir, parfois, et le plaisir n'est pas rien... Il est bien rare d'ailleurs, notons-le en passant, que le travail comporte en lui-même sa gratification. Le plus souvent, on travaille pour autre chose que le travail, et même si l'on travaille avec plaisir, cela arrive, ce n'est pas pour ce plaisir-là qu'on le fait, mais pour un autre, même lointain, même indéterminé, que l'argent promet ou permet. « Tout travail mérite salaire », dit-on. Travaillerait-on autrement ? L'égoïsme est roi, en l'homme, et c'est pourquoi l'argent est roi.

Point tout seul, certes. La sexualité est reine aussi, et l'amour-propre, et l'angoisse, et la fatigue... Tous ces rois de l'homme, chacun avec sa cour dérisoire ou sordide, son petit pouvoir, sa petite tyrannie, quel spectacle cela ferait, si l'on savait voir ! Mais c'est l'argent, pour l'instant, qui est notre guide : suivons-le.

« Je ne veux pas perdre ma vie à la gagner », disions-nous à seize ans. Comment faire autrement pourtant, puisqu'il faut vivre ? Les *hippies* de notre jeunesse, que sont-ils devenus ? Certains, me dit-on, élèvent encore leurs chèvres en Ardèche. C'est un travail, que l'on fait pour l'argent. Si la plupart l'ont abandonné, c'est qu'il était plus difficile que prévu, certes, mais également moins rentable qu'ils ne le souhaitaient. Aussi sont-ils rentrés dans le rang : ils ont cherché du travail en ville, ou repris leurs études... Ils ont dû trouver toutes sortes de bonnes raisons, idéologiques ou morales. On en trouve toujours. Mais personne n'est dupe, ni eux-mêmes : ils travaillent pour l'argent, comme tout le monde. Non « pour vivre », comme on dit (on peut vivre sans argent, ou avec si peu), mais pour vivre bien, pour vivre mieux. Augmenter la jouissance, diminuer la souffrance... Petits calculs du désir. Petits

calculs de la prudence. Et quelle vie autrement ?
Quel bonheur autrement ? Il faut bien perdre sa vie
à la vivre, et le moins mal qu'on peut. Au fond, il n'y
a que les riches qui puissent s'en sortir sans travailler, ou ne travailler que pour le plaisir, et cette injustice est celle qui rend la richesse, peut-être, le plus
enviable. Le travail est un effort, une souffrance,
une fatigue. La richesse, un luxe et un repos. « L'argent ne fait pas le bonheur », dit-on, et c'est bien
clair puisque rien ne le fait. Mais quel luxe pourtant
que la paresse, et quel plaisir que le luxe !

Je me souviens avoir choqué mes élèves, au lycée
où j'ai débuté, en leur disant, parce qu'ils m'interro-
geaient, que je ne travaillais que pour l'argent, et
qu'à supposer que je gagne au Loto (auquel je ne
jouais pas, ni maintenant), c'en serait fini de mon
enseignement... J'ai bien vu que cela les blessait. Ils
devaient imaginer que je travaillais pour eux, ou
par plaisir, ou pour l'amour peut-être de la philosophie ! C'était bien mal connaître ce métier difficile,
et l'homme. Je me hâtai de les désillusionner.
Cynisme ? Le mot ne me gêne pas. Mais ce cynisme
n'est pas autre chose alors − c'est d'ailleurs ce qu'il
était chez les Anciens − qu'un amour intransigeant
de la vérité. Diogène contre Platon. Mieux vaut dire
le mal qui est, que le bien qui n'est pas. Ce mal,
l'unique mal, ou l'origine de tous, c'est l'égoïsme.
L'argent est son instrument, et la vie se perd, en
effet, à la gagner. La vie se perd, et nous avec : il est

presque impossible à un riche d'entrer dans le Royaume de Dieu, disait le Christ, et bien sûr tous les riches jugent qu'il s'agit d'une métaphore ; mais enfin c'est ce que le Christ n'a jamais dit.

J'admire comme la réhabilitation de la richesse, dans les années quatre-vingt, se fit à la fois contre la gauche (la vieille gauche, comme ils disent) et contre le christianisme (la morale judéo-chrétienne, comme ils disent). Cela devrait éclairer quelques esprits libres. Qu'une majorité de chrétiens soit de droite, c'est là un fait que chacun connaît. Mais ce n'est qu'un fait, qui ne prouve rien quant aux valeurs. S'agissant de celles-ci, on ne m'ôtera pas de l'idée que le christianisme, dans son inspiration, est de gauche, ou que la gauche, plutôt, est chrétienne, ou judéo-chrétienne, et cela revient au même. C'est le contraire du Veau d'or. C'est le contraire du paganisme, avec ses dieux de castes ou de clans. C'est le contraire de la richesse, et du culte de la richesse. Rigueur des Évangiles : « Nul ne peut servir deux maîtres... Vous ne pouvez servir Dieu et l'Argent... » Je sais bien que beaucoup d'honnêtes gens sont de droite, et qu'il y a, à gauche (surtout quand la gauche est au pouvoir), autant de crapules qu'ailleurs. Deux septennats socialistes viennent de l'illustrer assez clairement, assez tristement. Je n'en reste pas moins persuadé que la morale, dans son principe, est de gauche, comme toutes les valeurs (oui : même la liberté, même la patrie), puisqu'elle ne fait aucune acception de personne ni de richesse, puisque la gauche ne saurait exister sans elle, ni contre elle : pour être de gauche, on a besoin de valeurs, d'idéaux, de principes, alors que pour être de droite, comme chacun sait, et c'est le coup de génie de la droite, son intelligence spécifique, son bien-fondé propre, qui la voue à la victoire peut-être perpétuellement, que pour être de droite, donc, et c'est presque une définition, les intérêts suffisent... Que s'y ajoute une morale, chez la plupart, nul ne l'ignore. Mais elle s'y ajoute, alors qu'elle est au principe de l'autre camp. Plus de lucidité là, peut-être. Plus de générosité ici. La morale n'appartient évidemment à personne, à aucun camp, et ne saurait tenir lieu de politique. Mais la gauche ne peut s'en passer, alors que la droite, en tant que telle, n'en a pas besoin. Quand toutes les valeurs foutent le camp, que reste-t-il ? L'argent. Cela peut-il suffire ? Pourquoi non, s'il ne s'agit que de gérer ? Le capitalisme n'est pas une idéologie, c'est ce qui fait sa force. Mais aucune force ne fait une civilisation.

Pauvreté de Diogène, pauvreté du Christ, pauvreté du Bouddha... Qui peut croire que ce soit un hasard ? Ces trois-là sont des maîtres, peut-être les plus grands qu'il y eut jamais, et ce sont maîtres de pauvreté. En est-il d'autres ? Je sais bien que Montaigne n'était pas pauvre. Du moins ne fait-il pas l'éloge de la richesse. Mieux, il avoue n'avoir jamais été aussi heureux que lorsqu'il ne possédait rien, ni aussi soucieux et méprisable que lorsqu'il voulut s'enrichir... Puis ce n'est que Montaigne, qui ne nous touche tant que parce qu'il partage aussi nos faiblesses. Les trois autres sont plus rudes, plus exigeants, et nous sommes peut-être incapables de les suivre. Cela toutefois ne les réfute pas, ni ne nous excuse. « Quiconque parmi vous ne renonce pas à tous ses biens ne peut être mon disciple », disait le Christ, ou plutôt c'est ce qu'ils ont dit tous les trois, chacun à sa façon, et il n'y a que les riches à nouveau pour y voir des métaphores... La parabole du jeune homme riche porte pourtant fort clairement sur les richesses matérielles. On sait qu'il s'agit d'un jeune homme vertueux, qui voudrait faire davantage. « Si tu veux être parfait, lui répond Jésus, va, vends ce que tu possèdes et donne-le aux pauvres, puis viens, suis-moi... » Entendant cette parole, ajoute l'évangéliste, « le jeune homme s'en alla contristé, car il avait de grands biens ». Nous en sommes là, tous, toujours, et la moindre des choses serait d'en être *contristé*, en effet. Mais nos jeunes hommes riches — nos *golden boys* — sont au-dessus de ça : ils retournent au Temple ou à la Bourse en riant...

Qu'en conclure ? Que nous ne sommes pas parfaits ? Certes. Que nous ne voulons même pas essayer de le devenir? Sans doute. Mais tout cela est si évidemment vrai qu'on voudrait passer à autre chose, et il le faudra bien. Pas trop vite pourtant. Je cherche ce que l'argent nous apprend sur nous-mêmes. Que nous sommes égoïstes? Nous le saurions sans lui. Mais l'argent a ceci de commode qu'il est par définition mesurable, que dis-je, qu'il est lui-même sa propre mesure et celle de tous les biens matériels. Ce qu'il nous apprend, ce n'est pas que nous sommes égoïstes, mais à quel point nous le sommes. Combien d'argent dépense-t-on pour soi? Et combien, pour les autres? Si l'on admet – et il faut l'admettre – que la famille n'est qu'un *soi* étendu, dilaté, à la fois projectif et intériorisé, l'argent jette sur notre vie et sur nous-mêmes une lumière crue. Pourquoi les autres occuperaient-ils une plus grande place dans notre cœur que dans notre budget? C'est bien sûr l'inverse qui est le plus vraisemblable : il y a lieu de se demander si la place infime qu'ils occupent dans nos dépenses (1 %? moins?) n'est pas encore l'expression d'un égoïsme plus subtil ou plus hypocrite... L'argent mesure tout ce qui a un prix, mais aussi, par là, ce qui n'en a pas, je veux dire le prix lui-même que nous mettons aux choses, aux gens, à tout ce qui n'est pas nous. Ainsi mesure-t-il, au moins négativement, au moins par différence, notre propre valeur, qui n'est jamais que la part de nous qui lui échappe. La valeur d'un être humain, sa dignité, comme dit Kant, c'est ce qui, en lui, n'est pas à vendre, ce qui n'a pas de prix, ce contre quoi l'argent ne vaut rien, ne peut rien. Est-ce beaucoup? Est-ce peu? C'est à chacun d'en décider, pour son propre compte, et tant pis pour nous si l'argent nous emporte. Si tout se vend, c'est que rien ne vaut.

« Que le cœur humain est creux et plein d'ordures! », disait Pascal. C'est qu'il est plein de tout ce qu'il possède ou convoite, de tout ce qui a un prix, et qui ne vaut rien. L'argent est cette ordure, au cœur de l'homme, qui se mesure soi-même.

Mais pourquoi la richesse nous fascine-t-elle tant, et plus qu'autre chose? C'est que de tous les autres biens, on peut avoir assez, ou même trop. A quoi bon la nourriture, quand on n'a plus faim? La débauche, quand on n'a plus de désirs? Et que ferions-nous de cent maisons ou de mille voitures? L'homme veut posséder parce qu'il veut jouir, disais-je. Mais la jouissance a ses limites, qui sont celles du corps. L'argent permet de les dépasser indéfiniment. Il est toujours possible d'ajouter un zéro à un nombre : la passion de consommer, grâce à l'argent, accède à l'infini, et cet infini nous enferme dans l'absence de ses limites. Comment pourrions-nous en sortir? Le désir, ici, est incapable d'être jamais rassasié. On peut avoir assez de nourriture, assez de voitures, assez de ceci ou de cela. Mais assez d'argent ? Il faudrait avoir assez de tout, et non seulement de tout bien réel, mais de tout bien possible... Cela n'arrive jamais, puisque du possible nul ne peut jouir. L'argent est ainsi incapable de nous satisfaire (au sens étymologique : de nous *faire assez*), et n'en est que plus désirable. C'est ce qui fait son charme, par quoi il touche à l'infini. L'argent n'est pas un bien parmi d'autres ; c'est l'équivalent de tous. Ce n'est pas un bien réel ; c'est l'accès indéfini à tous les biens possibles. Ce n'est pas, ou pas seulement, une possession présente ; c'est la possession anticipée de l'avenir. Possession imaginaire ? Bien sûr, puisque l'avenir n'existe pas, puisque nous allons mourir, puisque nous serons morts, peut-être, avant d'avoir dépensé le moindre sou de cette fortune qui nous rassure... Mais l'imaginaire, dans ces domaines, vaut son pesant de réalité. Mieux vaut jouir en rêve que souffrir réellement.

L'argent pourtant n'est pas un rêve : l'argent est ce petit morceau de réel qui ouvre à la jouissance rêvée (mais plausible, mais vraisemblable...) des possibles. C'est comme un rêve voluptueux, qu'on transporterait partout avec soi, dans son portefeuille ou son carnet de chèques. Les riches ont bien de la chance. Les pauvres, bien du malheur. L'argent est un miracle : c'est la puissance en acte, et qui reste puissance. C'est l'espérance réalisée, et qui reste espérance.

Que ce miracle soit un piège, comme chacun sait, cela n'est guère difficile à comprendre. Les autres désirs s'abolissent, en règle générale, dans leur satisfaction. *Post coïtum...* Mais la cupidité, non. Mais l'avarice, non. Ainsi la richesse nous enferme dans la convoitise, au lieu que d'autres plaisirs, par exemple sexuels, nous en libèrent au moins provisoirement. C'est que l'argent ne satisfait aucun manque présent, aucun manque réel, aucun manque effectif : il n'est que la satisfaction anticipée d'un manque à venir. Puissance de l'argent : de ne satisfaire qu'en puissance ! L'argent qu'on a, c'est la promesse de tout ce qu'on aura. On en jouit déjà, dans l'imaginaire, par quoi la richesse est aussi un plaisir. Plaisir factice ? Soit, mais durable. Jouissance abstraite, mais bien réelle. Anticipée, mais déjà présente dans cette anticipation. On pense au pouvoir selon Hobbes : « Le pouvoir d'un homme consiste dans ses moyens présents d'obtenir quelque bien apparent futur. » Cette définition parfaite explique à elle seule pourquoi l'on n'a jamais assez de pouvoir (comment serait-on rassasié de biens à venir ?) ni, pour la même raison, assez d'argent. C'est que l'argent est un pouvoir (c'est un moyen présent d'obtenir un bien futur), et sans doute, dans nos sociétés, le plus grand de tous. Être riche, c'est jouir au présent de tout l'avenir disponible. Mais comme l'avenir est infini, du moins c'est ce qu'on fait mine de croire, la richesse, pour nous satisfaire, devrait l'être aussi... Comment serait-ce possible? Seuls ont assez d'argent ceux qui se savent mortels, ou à qui le présent, et ce sont souvent les mêmes, suffit. Pourquoi le sage voudrait-il amasser, puisqu'il va mourir? Pourquoi voudrait-il avoir plus, puisque rien ne lui manque? Au lieu que le cupide, expliquait déjà Lucrèce, croit trouver dans l'argent, absurdement, de quoi le protéger de l'inévitable mort...

Cette cupidité a sans doute une fonction sociale. En relançant indéfiniment la machine du manque, elle obéit à la même logique, mais en amont, que la publicité en aval : non satisfaire un désir, mais le susciter ou l'entretenir. La publicité fait consommer, la cupidité fait travailler : la machine ne s'arrête jamais, et tout va pour le mieux dans le meilleur des mondes marchands possibles... Une société où personne n'aimerait l'argent serait une société pauvre, et sans doute une pauvre société. Je renvoie à Engels, ou à Voltaire aussi bien. Mais ce qui vaut pour les sociétés ne vaut pas toujours pour les individus. Quoi de plus utile, socialement, que la cupidité, la convoitise, l'envie? Quoi de plus méprisable, pour l'individu? Puis l'excès de désintéressement n'est pas non plus ce qui menace... Pour le reste, et faute de savoir aimer la pauvreté (faute de savoir aimer autre chose que nous-mêmes!), il y a sans doute deux façons d'aimer l'argent. Il y a ceux qui veulent la richesse pour la richesse, et qui sont prêts, pour s'enrichir indéfiniment, à travailler toujours plus. Et puis il y a ceux qui ne voudraient s'enrichir quelque peu que pour travailler moins... Ce n'est pas encore la sagesse, mais c'est déjà moins de folie. Mieux vaut aimer l'argent pour le repos qu'il permet que pour celui qu'il fait perdre.

Quant à l'écriture, fût-elle philosophique, c'est autre chose : écrire est un plaisir plutôt qu'un travail, ou le seul travail en tout cas que je ferais sans être payé. J'en vis pourtant à peu près, et plutôt bien que mal. « Avec mon livre sur la pauvreté, me disait un ami prêtre, je me suis acheté une chaîne stéréo. » J'ai fait pire, ayant gagné davantage. L'argent nous tient, autant – mais pas plus – que nous tenons à lui. Il nous tient donc, et c'est pourquoi nul n'est riche innocemment. Heureux les pauvres ? Certes pas, puisque l'argent les tient aussi, par le manque, et plus durement, puisque la misère est un malheur, puisque la misère est une autre prison, ou plutôt c'est la même, mais plus étroite. Ce ne sont pas les pauvres qui sont heureux ; ce sont les bienheureux qui sont pauvres, pauvres en esprit comme on dit, parce que rien ne les possède, parce qu'aucune possession ne les emprisonne. En esprit seulement? Ce n'est pas sûr. Comment seraient-ils riches? Comment pourraient-ils le rester? Nul ne vaut par ce qu'il possède, ni par ce qu'il convoite. On ne vaut que par ce qu'on donne, et tout ce qu'on ne donne pas est perdu, et nous perd.

Ce n'est pas l'argent qui est une métaphore pour dire notre éloignement du Royaume; c'est cet éloignement qui est une métaphore pour dire l'argent, et la prison de l'argent − pour dire le moi, et la prison du moi. Les riches ont bien de la chance, à la damnation près.

C'est par quoi ils nous ressemblent, comme le jeune homme riche des Évangiles, celui qui s'en va tristement, qui ne cesse de nous indiquer le chemin, non celui qu'il faut prendre, mais celui, hélas, que nous prenons en effet.

Pauvres riches : pauvres de nous!

La correspondance

POURQUOI écrit-on une lettre ? Parce qu'on ne peut ni parler ni se taire. La correspondance naît de cette double impossibilité, qu'elle surmonte et dont elle se nourrit. Entre parole et silence. Entre communication et solitude. C'est comme une littérature intime, privée, secrète – et le secret peut-être de la littérature.

On s'écrit parce qu'on ne peut pas se parler : le plus souvent à cause de la distance, de la séparation, d'un espace que les paroles ne peuvent franchir. Ainsi lors d'un voyage ou d'un exil. Ce fut pendant des siècles le seul moyen de s'adresser aux absents, de porter la pensée là où le corps ne pouvait aller, là où la voix ne pouvait aller, et c'est le plus beau cadeau peut-être que l'écriture fit aux vivants : leur permettre de vaincre l'espace, de vaincre la séparation, de sortir de la prison du corps, au moins un peu, au moins par le langage, par ces petits traits d'encre sur le papier. Le plus beau cadeau, mais point le seul, ni le premier. L'écriture eut une fonction d'archivage, sans doute, avant d'en avoir une de communication. Il s'agissait de vaincre le temps, plutôt que l'espace. De conserver, plutôt que d'échanger. Ou si l'écriture servait à communiquer, c'était par le déplacement des lecteurs plutôt que par celui du message. On gravait sur la stèle, sur le mur, devant quoi les gens passaient : immobilité du texte, mobilité des lecteurs. Une pyramide est une enveloppe, si l'on veut, dont la momie serait la lettre, dont les hiéroglyphes seraient le texte. Quelque chose se dit là, se communique là. Un message, mais sans autre messager que soi. Mais immobile. Mais qui parcourt les siècles plutôt que les kilomètres. Il s'agissait de vaincre non l'absence mais la mort, non la séparation mais l'oubli, non la distance mais le temps. Non d'échanger, mais de maintenir. Comme nos enveloppes sont fragiles, à côté de ces tombeaux! Elles nous ressemblent. Fragilité de la vie, des échanges, des individus, sans autre éternité que celle du temps qui passe, de ce présent qui dure, de ces vivants qui meurent... Fragilité de la correspondance : fragilité de vivre et d'aimer. Nous écrivons nos lettres, non pour vaincre la mort, non pour vaincre le temps, mais pour habiter ensemble, autant que nous pouvons, malgré la séparation, malgré l'espace, le peu de temps qui nous est donné et commun. Sauf mégalomanie particulière, on ne correspond qu'avec ses contemporains (quand les stèles s'adressaient plutôt aux descendants), et il y a là, me semble-t-il, quelque chose d'essentiel à la correspondance, qui fait sa pauvreté et son prix. Un vivant s'adresse à un vivant, et non pour les siècles des siècles (comme certains écrivains, point toujours les meilleurs, dans leurs livres), mais pour partager quelque chose, un événement ou une pensée, une émotion ou un sourire, presque rien souvent et c'est l'essentiel de nos vies, pour partager cette pauvreté que nous sommes, que nous vivons, qui nous fait et nous défait, avant que la mort nous prenne, pour ne pas renoncer, tant que nous respirons et quels que soient les kilomètres qui nous séparent, à la douceur de vivre ensemble, en tout cas en même temps, à la douceur de partager et d'aimer. Contemporains de la même éternité, qui est aujourd'hui. Passants dans le même passage, qui est le monde. Tourgueniev, sur son lit de mort, voulut écrire une dernière lettre à Tolstoï : « Monsieur, ce fut un grand bonheur que d'avoir été votre contemporain. » Tout le monde n'est pas Tolstoï, tout le monde n'est pas Tourgueniev. Pourtant c'est un peu ce que nous voudrions dire, dans nos lettres, et que nous disons en effet, par nos lettres, par le simple fait de les écrire, et quoi que nous disions en vérité. Si l'on met de côté les échanges purement professionnels ou administratifs, c'est presque toujours d'amour que l'on écrit, et par amour, que cet amour soit de passion ou d'amitié, de famille ou de vacances, profond ou superficiel, léger ou grave. Je t'écris pour te dire que je t'aime, ou que je pense à toi, que je me réjouis, oui, d'être ton contemporain, d'habiter le même monde, le même temps, de n'être séparé de toi que par l'espace, point par le cœur, point par la pensée, point par la mort. Partir, c'est mourir un peu. Écrire, c'est vivre davantage.

De nos jours, certes, le téléphone pourrait surmonter l'obstacle de la distance, et le surmonte en effet, qui transmet la parole à travers les pays ou les continents. On continue pourtant de s'écrire, et point seulement par économie. Plusieurs même, et j'en suis, préfèrent recevoir une lettre plutôt qu'un coup de fil. Pour quelle raison ? Parce que le téléphone est importun, indiscret, bavard. Aussi, surtout, parce que quelque chose ne peut être dit, ou mal, que seule l'écriture peut porter. L'écriture naît de l'impossibilité de la parole, de sa difficulté, de ses limites, de son échec. De cela qu'on ne peut dire, ou qu'on n'ose pas, ou qu'on ne sait pas. Cet impossible qu'on porte en soi. Cet impossible qui est soi. Il y a les lettres qui remplacent la parole, comme un ersatz, un substitut. Puis celles qui la dépassent, qui touchent par là au silence. Celles-là ne remplacent rien, et sont irremplaçables. Ce dont on ne peut parler, il faut l'écrire.

Je me souviens, adolescent, avoir échangé des lettres avec telle jeune fille que je côtoyais tous les jours, au lycée, avec qui je parlais, et les lettres pourtant faisaient entre nous un lien plus essentiel, plus profond, plus intime. Elles passaient parfois par la poste, parfois de la main à la main, et cela ne nous a jamais paru saugrenu ni absurde. Pourquoi s'écrire quand on peut se parler, quand on se parle effectivement ? Parce qu'on ne peut pas parler toujours, ni de tout, parce que la parole peut faire obstacle à la communication, parfois, ou la vouer au bavardage, parce qu'il faut prendre le temps d'être seul, d'être vrai, parce qu'il est doux de penser à l'autre en son absence, dût-on le voir le lendemain, de lui dire la place qu'il occupe dans notre vie, même quand il n'est pas là, dans notre cœur, dans notre solitude, et c'est ce que la parole ne saura jamais faire, puisqu'elle l'abolit. La parole ne nous rapproche d'autrui, bien souvent, qu'en nous séparant de nous-mêmes, et ne nous rapproche ainsi de l'autre que fictivement, qu'en surface ou pour la montre. Dans une lettre, au contraire, on n'atteint autrui qu'en restant au plus près de soi. Mais on l'atteint, du moins cela arrive, et à une profondeur où les paroles n'accèdent que rarement. L'écriture est plus proche du silence, plus proche de la solitude, plus proche de la vérité. Du moins elle peut l'être, et c'est ce qui la justifie. A quoi bon écrire, si c'est pour faire semblant ? Le silence effectif vaudrait mieux ? Point toujours, ni n'importe quel silence. On écrit parce qu'on ne peut pas se taire, ou parce qu'on ne veut pas. Le silence est un ennemi aussi, une prison aussi, quand il enferme, quand il écrase, quand il tue, et il tue parfois. On écrit pour lui rendre sa légèreté, sa transparence, son ouverture, sa lumière, mais sans le briser vraiment, comme ferait la parole, sans en sortir, sans le renier. On écrit au cœur du silence, où la parole ne va guère. On écrit où l'on vit, où l'on est, au plus près de soi et de l'autre. C'est qu'on n'en est plus séparé par la voix, par le regard, par le corps (qui sépare toujours, tant que les corps ne se touchent pas). C'est aussi qu'on a le temps, du moins quand on le prend, comme l'autre aura celui de vous lire, de vous relire, et des années plus tard peut-être. Il y a une éternité dans l'écriture, dans toute écriture, dont la parole nous séparerait plutôt. Ce n'est pas l'éternité des stèles ou des tombeaux. C'est l'éternité de vivre, mais dévoilée, mais préservée, comme une bouteille jetée dans l'océan du temps, comme un morceau du présent dans l'infini de l'avenir. Les lettres d'amour dureront plus long-temps, bien souvent, que l'amour. Elles lui survivront. Elles seront encore là, si on le veut, quand l'amour sera mort : elles témoigneront de ce qui aura eu lieu, de ce qui éternellement restera vrai, mais qu'on aurait peut-être, sans l'écriture, oublié ou perdu. Toute parole est contemporaine de son écoute, et meurt avec elle. Aucune écriture ne l'est de sa lecture, c'est pourquoi elle ne meurt pas. Entre le temps de l'écriture et celui de la lecture, il y a comme une distance assumée et abolie. Toute parole est d'instant ; toute écriture, de durée. C'est cette durée que le lecteur découvre, redécouvre, habite. Cela fait comme un temps retrouvé, au creux du quotidien, un peu de temps à l'état pur, comme dirait Proust, et c'est ce qu'on appelle l'éternité : le temps qui passe sans se perdre, le présent qui change et continue, le devenir qui demeure...

C'est où l'on retrouve la littérature, ou plutôt nous ne l'avons pas quittée puisque c'est là qu'elle commence. Comme une parole éternelle. Comme un présent sauvegardé. Comme une durée affranchie de soi, et de tout. Écrire, c'est toujours écrire à quelqu'un, ou pour quelqu'un, fût-il inconnu, fût-il universel, et toute littérature, en ce sens, est épistolaire. La réciproque est vraie aussi. Une lettre, même maladroite, est une œuvre, une création, un travail, ce que la parole n'est presque jamais. Toute lettre est littéraire. Un vivant s'adresse à un vivant, dans le secret de vivre. Une solitude se confie à une autre, dans le mystère d'être soi, dans l'inconnu d'aimer ou d'être deux. Un individu se livre là, comme il peut, comme il veut. Avec ses pauvres mots, sa pauvre écriture, sa pauvre vie. Cette pauvreté nous ressemble. La lettre la plus maladroite est plus émouvante, si elle est vraie, qu'un roman habile, s'il ne l'est pas. C'est une bouteille à la mer, mais dont on connaîtrait le destinataire. Un cadeau qu'on fait, mais qui n'a rien à offrir que soi.

Parce qu'une lettre est une œuvre, quelle qu'elle soit, il est tentant d'en faire une œuvre d'art, qui vaudrait par elle-même. Tout le monde n'est pas poète, romancier, artiste. Mais tout le monde écrit des lettres, du moins tous ceux qui savent écrire, et l'on ne dira jamais assez la misère de ceux qui ne savent pas, de ceux qui sont prisonniers de la parole ou du silence, de l'instant, du face à face. Quel malheur de ne pouvoir écrire des lettres d'amour, de ne pouvoir écrire à ses amis, à ses enfants, de ne pouvoir les lire, d'être prisonnier de l'absence ou de la séparation! L'écriture est un luxe, l'écriture est un bonheur, l'écriture est une liberté. Que l'injustice vienne se glisser là, comme c'est en effet le cas, rend l'injustice encore plus haïssable.

Une œuvre, donc, et une œuvre d'art parfois. Les uns feront de leurs lettres des poèmes, en vers ou en prose, des essais, des confessions, des satires, des romans parfois... N'est pas Mme de Sévigné qui veut. Il n'en reste pas moins que la correspondance est aussi un genre littéraire, bien sûr le plus répandu, et l'un de ceux, notons-le en passant, qui survit le mieux aux modes et aux siècles. J'ai plus de plaisir à lire la correspondance de Flaubert, George Sand, Tourgueniev ou Maupassant, qu'à lire ou relire leurs romans. Ils y sont moins apprêtés, moins esthètes, moins bavards, et plus vrais. La correspondance d'Abélard avec Héloïse, même décevante, a mieux survécu que ses traités, qui n'intéressent plus que les érudits. Puis j'aime, dans la correspondance, que chacun puisse s'y essayer, s'y exprimer, s'y risquer, que chacun puisse y chercher ce petit morceau de soi qui ne ment pas. Car on peut mentir dans une lettre comme dans la parole, et plus facilement peut-être. Mais c'est trahir le langage, mais c'est trahir l'écriture, mais c'est trahir l'autre, et soi. Les vraies lettres sont les lettres vraies. C'est par quoi elles valent. C'est par quoi elles touchent. Le vocabulaire compte moins que la sincérité. Le talent, moins que l'amour et le courage.

D'autres feront des dessins, des illustrations, des

collages, et décoreront jusqu'aux enveloppes qu'ils adressent. Pourquoi non ? La forme parle aussi. Et toute beauté est bonne. J'écris ce texte pour le catalogue d'une exposition, au Musée de la Poste. Que d'enveloppes ornées, drôles, originales! Que d'œuvres d'art en miniatures! On n'aurait pas imaginé, sans cette exposition, jusqu'où allait l'inventivité de nos contemporains, en tout cas de certains d'entre eux, leur créativité, leur talent parfois. Que de soins pour une seule lettre, pour un seul lecteur! L'exposition en trahit quelque chose, par la publicité; mais ce n'est qu'une indiscrétion fugitive. Elles retourneront bientôt à l'obscurité d'où elles viennent, dont la plupart se contentent, avec leurs petites enveloppes discrètes, banales, indistinctes, et cela est beau aussi, dans cet anonymat de la multitude, dans cette intimité innombrable du courrier. Ces millions de lettres qui circulent tous les jours, dans tous les pays, comme un gigantesque brouhaha silencieux, comme un formidable et imperceptible murmure, tous ces petits ruisseaux de papier et d'encre, qui font comme une mer, qui charrient nos secrets, nos confidences, nos larmes, et tout ce qu'il faut pour cela d'organisation, de travail, d'humanité intelligente et fidèle (quoi de plus simple qu'une lettre? quoi de plus complexe que la Poste?), c'est l'une des images les plus vraies de nos vies, toutes tissées de solitude et de désirs, de mots et de silences, d'amour et de

colère, toutes vouées à la séparation et toutes la
conjurant!

Une lettre peut survivre, et survit parfois, à la
mort de qui l'écrit ou la reçoit. Cela donne à l'un
et l'autre, quand ils y pensent, une appréciation
plus juste de leur fragilité, de leur importance l'un
pour l'autre, l'un par l'autre, aussi du poids de
chaque mot. Ce n'est pas le cas de toutes les lettres
(beaucoup sont de pure convention, de pure rou-
tine, de pure ou impure politesse), mais c'est le cas
de celles qui comptent, de celles-là seules qui méritent d'être écrites, même les plus simples, même les
plus nues. Le style n'est pas ce qui importe. La cor-
rection n'est pas ce qui importe. Une lettre vaut
d'abord par son intimité, par sa douceur, par ce
qu'elle contient d'amour ou de secret. Tout le
monde peut en écrire, du moins tous ceux qui
savent écrire. Il suffit d'être vrai. Il suffit d'écrire
au plus près de la vie telle qu'elle est, telle qu'elle
semble, telle qu'elle passe et demeure, notre
pauvre petite vie de mortels, comme en attente
d'on ne sait quoi, ou on ne le sait que trop, comme
en attente d'elle-même, comme privée de soi, et
vivante pourtant, si vivante, si fragile, si déchirante de faiblesse et de banalité, si démunie, si
désarmée, si humblement unique et commune,
comme un miracle toujours raté, toujours recom-

mencé, notre pauvre petite vie de terriens, quelque part dans le temps, quelque part dans l'univers, notre pauvre petite vie de vivants, entre naître et mourir, entre rien et rien, entre tout et tout, notre pauvre petite vie d'humains, exposée toujours à l'amour et à la souffrance, à la solitude et à la rencontre, et cela fait si peu de choses que cela tient, ou à peu près, dans une enveloppe... Pas de quoi en faire une histoire, pas de quoi en faire un roman. Juste le temps de vivre un peu, d'aimer un peu, d'écrire un peu – juste le temps d'envoyer quelques lettres... Je t'écris pour te dire que je t'aime et que je vais mourir, pour te dire que je suis vivant, encore vivant, et bien heureux d'être ton ami, et bien heureux d'être ton amant. «Dans la mesure où nous sommes seuls, l'amour et la mort se rapprochent.» Cela, qui fut écrit dans une lettre, dit la vérité de toutes.

Nos lettres nous ressemblent, pour peu que nous le voulions, et même, parfois, quand nous ne le voulons pas. Fragiles comme nous. Dérisoires comme nous. Belles, parfois. Pauvres et précieuses, banales et singulières, presque toujours. Un peu de notre âme est glissé là, dans la minceur d'une enveloppe. Un peu de notre vie, dans la folie du monde. Un peu de notre amour, dans le désert des villes.

Pourquoi écrit-on une lettre ? Pour habiter ensemble l'essentielle solitude, l'essentielle séparation, l'essentielle et commune fugacité. Pour décrire le temps qu'il fait, le temps qui passe. Pour raconter ce qu'on devient, ce qu'on est, ce qu'on attend. Pour dire la distance, sans l'abolir. Le silence, sans le corrompre. Le moi, sans s'y enfermer. Cela ne tient pas lieu de parole. Cela ne tient lieu de rien. Et rien non plus n'en tient lieu : les vraies lettres, celles qu'on aime recevoir, sont gratuites et irremplaçables, comme la vie, comme l'amour, comme un cadeau, et c'en est un. *« C'est rien, c'est moi,* m'écrit un ami, *je viens te dire que je t'aime beaucoup, beaucoup...»* C'est rien, ou presque rien, et un morceau pourtant du monde et de l'âme, transmis comme par miracle, si léger dans la main, si profond dans le cœur, si proche dans le lointain.

Le goût de vivre

« COMME la fraise a goût de fraise, disait Alain, ainsi la vie a goût de bonheur. » Et je sais peu de phrases qui m'aient laissé un tel arrière-goût de bonheur, en effet, mais aussi d'envie et – à cause de l'envie – d'amertume.

Il faut citer le Maître plus longuement : « La vie est bonne par-dessus tout ; elle est bonne par elle-même ; le raisonnement n'y fait rien. On n'est pas heureux par voyage, richesse, succès, plaisir. On est heureux parce qu'on est heureux. Le bonheur, c'est la saveur même de la vie. Comme la fraise a goût de fraise, ainsi la vie a goût de bonheur. Le soleil est bon ; la pluie est bonne ; tout bruit est musique. Voir, entendre, flairer, goûter, toucher, ce n'est qu'une suite de bonheurs. Même les peines, même les douleurs, même la fatigue, tout cela a une saveur de vie. Exister est bon; non pas meilleur qu'autre chose; car exister est tout, et ne pas exister n'est rien. S'il n'en était pas ainsi, aucun vivant ne durerait, aucun vivant ne naîtrait. Pensez qu'une couleur est une joie pour les yeux. Agir est une joie. Percevoir est une joie aussi, et c'est la même. Nous ne sommes point condamnés à vivre; nous vivons avidement. Nous voulons voir, toucher, juger; nous voulons déplier le monde. Tout vivant est comme un promeneur du matin. (...) Voir, c'est vouloir voir. Vivre, c'est vouloir vivre. Toute vie est un chant d'allégresse.» Ce n'est qu'un petit article, un de ces innombrables *Propos*, comme disait Alain, publiés à longueur d'années (quotidiennement et bénévolement) dans un petit journal de province, à Rouen, celui-là date de mai 1909, et j'envie les lecteurs qui lisaient ce genre de nouvelles au petit déjeuner, qui apprenaient le bonheur en même temps que le monde, la vie, la merveille de vivre, en même temps que les malheurs de l'histoire ou les aléas de l'économie... Plusieurs ont dû découper cet article, le ranger précieusement avec les autres, dans un tiroir, dans un cahier, un peu plus heureux soudain, un peu plus libres, un peu plus fiers d'être homme, un peu plus sages, et puis ils sont partis à leur travail, d'un pas plus assuré, peut-être en chantonnant, comme ragaillardis, comme redressés, avec un rien d'allégresse et de courage en plus, comme une pensée dans le cœur. Optimisme facile, naïf, aveugle ? Je n'en crois rien. J'ai oublié de dire que cet article fut écrit à propos d'un fait divers qui venait de se passer, le suicide d'un adolescent, et que c'est cela, cette horreur, qu'il s'agit de penser, de comprendre, de surmonter. « La vie n'a plus la saveur de la vie. Plaisir aussi bien que douleur, tout est comme frelaté ; l'action est comme une source tarie... » Et le lecteur partait avec ces deux trésors, un peu de lumière, un peu de nuit, la mort d'un lycéen, l'amour de la vie, l'un à l'autre mêlés, indissociablement, puisque aucune mort n'est triste qu'autant que la vie est aimable... Je relis souvent ce Propos, je le trouve toujours aussi beau, et d'une beauté qui ne ment pas. « Comme la fraise a goût de fraise... » Non, certes, qu'Alain n'ait vécu que cela, que ce goût du bonheur, que cette vie allègre et savoureuse. Il avait ses moments de fatigue, de colère, de dégoût. Mais il a dû vivre cela aussi, cette vitalité heureuse, cette joie de tout l'être, et chacun sans doute en est capable, au moins un peu, au moins parfois. Qui n'a eu ses moments de grâce ou de jubilation ? Ses matins triomphants ? Ses soirées radieuses ? Le fait est que nous vivons, que nous faisons des enfants, et cela donne tort aux grincheux. Le suicide reste l'exception, qui ne prouve guère. Ce n'est pas la vie que l'on refuse ; c'est la souffrance, c'est la vieillesse, c'est la maladie, c'est l'isolement... Ce n'est pas le bonheur que l'on méprise ; c'est le malheur que l'on fuit. « Tous les hommes recherchent d'être heureux, disait Pascal, jusqu'à ceux qui vont se pendre. » Ils se tuent pour ne plus souffrir, pour n'être plus malheureux. C'est chercher encore le bonheur, puisque c'est fuir le malheur. Le suicide n'échappe pas au principe de plaisir, et c'est ce qu'Alain, dans une autre langue, nous aide à comprendre. On ne met fin à ses jours que par souffrance ou tristesse : nul ne quitterait volontairement une vie simplement passable, et cela en dit long sur le suicide et sur la vie. Faut-il dire avec Spinoza qu'on ne se suicide que pour des causes extérieures, fussent-elles intériorisées ? Je ne sais. Ce qui est sûr, en tout cas, c'est qu'il faut des raisons fortes pour mourir, pour vouloir mourir. Bonnes ou mauvaises, internes ou externes, c'est une autre histoire. Mais plus fortes que la vie, plus fortes que le corps, qui résiste, plus fortes que l'âme, qui n'est que cette résistance en acte. Qui se suiciderait sans raisons ? C'est qu'il serait malade, et cela fait une raison bien forte. La dépression est une maladie, comme chacun sait, qui peut être mortelle. Mais que prouve-t-elle contre la santé ? contre la vie ? contre le bonheur ? Quant au suicide philosophique... Camus, qui en fit son point de départ (« le seul problème philosophique vraiment sérieux », écrivait-il dans les premières lignes du *Mythe de Sisyphe*), ne s'y est guère arrêté, et il fit bien. L'absurde mène plutôt à un traité du bonheur, c'est ce qu'expliquent les dernières pages du même livre, à l'affrontement avec le réel, à l'affirmation simple de l'existence. Pourquoi vivre ? Ce n'est pas la question. Autant se demander pourquoi être heureux, pourquoi jouir et se réjouir. La vie répond à notre place, le plaisir répond à notre place, ou plutôt il n'y a pas de question, pas de réponse, et c'est la vie même. *Alogos*, disait Épicure : sans raison, sans discours, et n'en ayant pas besoin. Sagesse du corps : sagesse du plaisir. Il faut des raisons fortes pour vouloir la mort, puisque le corps la refuse. Mais on n'a pas besoin de raisons pour vivre, ou une seule suffit, qui n'en est pas une : on vit pour le plaisir, et parce que vivre en est un.

Mais pourquoi alors vivons-nous si peu, si mal ? Pourquoi cette tristesse, si souvent, ce dégoût, cette lassitude, cette amertume ? Cela peut varier, d'individu à individu, et varie en effet. Des goûts et des couleurs... Je ne voudrais pas ériger mon tempérament en système. Qui se choisit ? Et quel sens y aurait-il, en ces matières, à prétendre avoir raison ? Le corps commande, peut-être, ou l'enfance, ou l'inconscient, ou le hasard des rencontres et des deuils... Mais faut-il pour autant renoncer à penser ? Il se trouve que j'aime peu les fraises, et que la bière davantage me réjouit. Point tant à cause de l'alcool : on en fait maintenant d'acceptables qui n'en contiennent pas, dont l'amertume presque également m'agrée. La bière au goût de mort ; la bière au goût de réel. Et j'aimais aussi le tabac, je crois bien, je l'aime encore, pour ce goût âcre dans la bouche ou les poumons... Si je prends ces exemples, c'est que j'y vois autre chose que de simples contingences gustatives. Une vérité peut-être se joue là, ou se cherche, dans ces saveurs d'amertume. Lucrèce ne comparait-il pas déjà la vérité à un breuvage trop amer, qu'il fallait dissimuler d'abord, pour ne pas effrayer l'ignorant, en enduisant les bords de la coupe « d'un miel blond et sucré » ? Ainsi font les médecins, expliquait-il, pour faire avaler leurs remèdes aux enfants. Ainsi fait Lucrèce, parant « du doux miel poétique » l'amère doctrine d'Épicure... Faut-il entendre que nous ne sommes que des enfants, que l'amertume disparaît pour le sage ? Peut-être. Mais pour le poète, point ; et pour le philosophe, guère... Je veux croire que celui-là (l'un des rares poètes qui fût philosophe, le seul philosophe peut-être qui fut poète), dédaignant le miel, finit par aimer cette amertume même par quoi la vérité, pour qui n'est ignorant ni sage, s'annonce, se donne, se goûte... La vérité ? Quelle vérité ? Celle de vivre et de mourir. C'est la même, puisque seuls les vivants meurent, et puisqu'ils meurent tous. Le raisonnement n'y fait rien.

On ne meurt pas par accident, maladie, vieillesse. On meurt d'être mortel, on meurt de vivre, d'avoir vécu. La mort, ou l'angoisse de la mort, ou la certitude de la mort, c'est la saveur même de la vie, son amertume essentielle. Comme la bière a goût de bière, ainsi la vie a goût de mort.

Alors ? Fraise ou bière ? Bonheur ou amertume ? Faut-il choisir ? Le peut-on ? Le doit-on ? Il me semble qu'il faut apprendre plutôt à aimer les deux, dans leur différence, dans leur contraste, et Alain sans doute ne me contredirait pas. Philosophe tragique ? Lequel ne l'est pas, s'il est sans Dieu et sans illusions ? Ainsi, à propos de George Sand, qu'il admire : « George Sand, de sa propre vie, médiocre, déformée, manquée, comme est toute vie... » Ce goût d'échec, sur toute existence. Ce goût de mort, sur tout vivant. On m'objectera Spinoza : « L'homme libre ne pense à aucune chose moins qu'à la mort, et sa sagesse est une méditation non de la mort mais de la vie. » Très bien. Si nous étions libres, la question en effet ne se poserait pas ; et j'accorde qu'elle ne se poserait plus si nous le devenions. Mais nous ne le sommes pas, c'est ce que montre Spinoza. Et qui peut le devenir sans reste ? Et que faire d'ici là ? Pour ma part, je n'ai jamais pu être spinoziste ou sage à ce point, ni n'envisage de le devenir, ni même d'y tendre.

Comment penser la vie sans penser la mort? Le bonheur, sans accepter le malheur? La sagesse, sans accepter sa folie? Il se peut que j'atteigne ici mes limites; mais il se peut aussi que Spinoza ait là dépassé – outrepassé – les siennes, je veux dire les limites communes. Peu importe. Cet arrière-goût d'amertume que la vie nous laisse, et dans le plaisir même, et dans le bonheur même, d'où vient-il? Comme un goûteur d'eau ou de vin, j'essaie d'en analyser le bouquet, d'en reconnaître les différents constituants, les différents arômes, les différentes saveurs... Un goût de mort, un goût de solitude, un goût de vérité, un goût de vanité, un goût de déception, un goût de fatigue, un goût de lassitude... Oui, tout cela se mêle aux plaisirs, les enrobe, les accompagne, les masque ou les souligne, selon les moments, selon les circonstances, tantôt les éteint, tantôt les exalte... Le mélange est à la fois délicat et fort, étrange et familier, un peu écœurant parfois, parfois enivrant, souvent éventé ou saumâtre...

Sur les plaisirs, je ne m'attarde pas. Il serait indiscret de trop détailler les miens, et d'une indiscrétion bien vaine. Chacun là-dessus en sait assez. Le corps est un bon juge, et le seul. Manger est bon, boire est bon, faire l'amour est bon. Qui a envie de mourir, quand il bande? L'hédonisme est le contraire du nihilisme. Le goût de mort n'en demeure pas moins, et dans le désir même; mais peut-être est-il moins universellement perçu que le goût plus vif, plus immédiat, plus enivrant, du plaisir. Il m'arrive, dans une foule quelconque, de sonder les visages. Celui-là, sait-il qu'il va mourir ? Et cet autre, si sérieux, si absorbé ? Et ces deux amoureux ? Et ce vieillard ? Les visages ne répondent guère, ni ne pouvons facilement, sur un tel sujet, interroger des inconnus... Certains de mes amis, même intelligents, m'assurent qu'à la mort ils ne pensent jamais, ou quelques fois par an tout au plus. Quant à en sentir la saveur... D'autres, comme moi, y pensent tous les jours, et à toute heure presque de chaque jour... Ce goût-là, c'est ce que nous connaissons le mieux. Comme les fraises à côté nous paraissent exotiques ! Peur ? Pas trop, me semble-t-il. Mais ce goût de néant sur toutes choses, cette ombre portée du périr... On ne meurt pas une fois, au bout du compte, pour finir. On meurt tous les jours, à chaque instant de chaque jour. L'enfant que j'étais est mort dans l'adulte que je suis, celui que j'étais hier est mort aujourd'hui, ou s'ils survivent en moi ce n'est qu'autant que je leur survis, chacun transporte son cadavre avec soi, et jamais ne reviendront les amours anciennes... La vie est déchirante parce qu'elle meurt, parce qu'elle ne cesse de mourir, là, devant nous, en nous, et le temps est cette déchirure, cette mort en nous qui avance, qui creuse, qui attend, qui menace... Faut-il y penser ? Faut-il

l'oublier ? Question de sensibilité, à ce que je crois,
plus que de doctrine. Il y a ceux qui préfèrent *Le
Cantique des cantiques*, qui s'y sentent chez eux, qui
s'y reconnaissent, qui s'y épanouissent ; et puis il y
a ceux qui préfèrent *L'Ecclésiaste*, et je suis de
ceux-là bien sûr. Après quoi chacun s'invente la
doctrine dont il a besoin... *L'Ecclésiaste* est un livre
épicurien, remarque plaisamment Marcel Conche,
et j'en suis à peu près d'accord. C'est pourquoi il
plaisait tant à Montaigne. C'est pourquoi peut-
être il me plaît tant. Mais enfin Épicure ne l'avait
pas lu, pas plus que son auteur n'avait lu Épicure.
La mort commande. La vie commande, et suffit.
« Il faut vivre sa vie avant de la penser », disait
Delbos, et l'on ne pense jamais que la vie qu'on a
vécue. Le monde commande ? Sans doute, mais
chacun a le sien, ou sa façon du moins de l'habiter.
Cette fraîcheur lumineuse du matin, de *ce* matin,
cet ami qui chante, cet enfant qui joue, cette cha-
leur dans la poitrine, on dirait un bonheur, cet
amour, cette douceur, cette lenteur... On ne sait
s'il faut rire ou pleurer, ou plutôt l'un et l'autre
seraient déplacés, et l'on se tait, et la vie est là,
simple et difficile, et continue, et meurt, et la vie
est cette mort d'instant en instant qui se nie et se
perpétue, qui se surmonte, qui s'invente et s'oublie, qui nous porte et nous emporte... C'est à
peine si l'on peut dire que nous sommes, remarquait Montaigne, puisque nous ne cessons de

changer, de n'être plus, de n'être pas encore, puisque « notre état est ennemi de consistance », puisque nous allons « coulant et roulant sans cesse », puisque nous ne sommes qu'un éclair entre deux nuits : nous devenons, nous résistons, nous disparaissons, nous vivons, en un mot, et c'est ce que nous rappelle ce goût de néant dans la bouche ou l'âme, ce goût opiniâtre d'être mortels... Alain a raison, d'ailleurs il ne fait que suivre Montaigne : la vie est « délicieuse par elle-même, et au-dessus des inconvénients ». Bien sûr, puisque tout inconvénient la suppose, qui ne peut la gâter qu'autant qu'elle est bonne. Et qui, mieux que Montaigne, sut aimer la vie comme elle est, dans ses difficultés, dans ses contradictions, dans ses à-peu-près, et l'approuver toute ? « La vie, écrivait-il, est un mouvement matériel et corporel, action imparfaite de sa propre essence, et déréglée ; je m'emploie à la servir selon elle. » Il n'en faut pas moins mourir, et la douceur même du plaisir en est comme rehaussée d'amertume ou de rareté. Fragilité de vivre. Fugacité de vivre. C'est la vie même, et la saveur de la vie. « Le dur désir de durer... » Toujours satisfait, puisqu'on vit, toujours frustré, puisqu'on meurt. Quel bonheur qui ne soit menacé ? Quel amour qui ne soit effrayé ? Montaigne encore : « C'est chose tendre que la vie, et aisée à troubler... » Mais qui renoncerait pour cela au bonheur, à l'amour, à la vie ? C'est plutôt l'inverse qui est vrai, comme Gide, bon lecteur de Montaigne, nous le rappelle : « Une pas assez constante pensée de la mort n'a donné pas assez de prix au plus petit instant de ta vie. » Cette phrase, dans sa maladresse recherchée ou feinte, dans sa simplicité, dans sa vérité, est la première peut-être que j'aie admirée absolument. Elle m'accompagne depuis l'adolescence. Elle m'éclaire. Elle me nourrit. Cette amertume, toujours... Vivre, c'est mourir ; et la vie n'en est que plus belle, qui porte en soi la mort amère.

Puis il y a la solitude. C'est le goût naturel du plaisir, puisque mon plaisir jamais n'est celui du voisin. Prison du corps : prison du plaisir et de la souffrance. Qu'il n'y ait pas de rapports sexuels, comme le voulait Lacan, c'est sans doute exagéré ; mais enfin chacun y est seul, face à l'autre, et nul plaisir, même simultané, n'est commun. Solitude des amants. Solitude aussi des amis. Ils se promènent ensemble, et le même univers qui les contient les sépare. « Tu vois cette lumière, cette transparence, ce reflet doré dans le lointain ?... » Oui. Mais c'est un autre regard, une autre sensation, une autre nostalgie. Et ce bouleversement soudain en écoutant Mozart... Solitude de l'art. Il y a aussi une solitude de la douleur, et c'est la même. Solitude de vivre. Solitude de mourir. Solitude : finitude. L'amitié n'y peut rien, et puis l'on a si peu d'amis... On voudrait être aimé davantage, ce qui confirme simplement que d'amour, de pur amour, on est soi-même bien peu capable. Solitude de l'amour, de l'amour immense qu'on attend, de celui − immense aussi parfois − que l'on voudrait donner... Mais l'amour ne se donne, ni ne se possède. L'amour est en pure perte (« dédaigneux de sa fortune, dit le poète, délié de soi, dépris de tout royaume... »), et cette perte, cette très pure perte d'aimer, est l'unique richesse, comme une lumière sur le monde, comme une pauvreté radieuse, comme un joyau de joie et de douceur dans l'infinie solitude des vivants.

Quant à la déception, c'est d'où je suis parti, et l'on peut là-dessus consulter mes livres. Que la vie soit décevante, toujours décevante, c'est au fond ce qu'elle nous apprend de plus clair. Non, certes, qu'il n'y ait en elle ni joies ni plaisirs. Mais point ceux que l'on espérait, ou point de la même façon, ou qui ne sauraient, quand ils sont là, nous donner le bonheur qu'on en attendait quand ils n'y étaient pas, quand ils nous manquaient. *« Qu'est-ce que je serais heureux si... »*, se disait-on. Mais aucun *si* n'est réel, ni aucun bonheur peut-être. De là ces relents aigres, souvent, ces flatuosités du cœur ou de l'âme, comme une nausée vague... Relisez les poèmes d'amour que vous écriviez, jadis, ou ceux que l'on vous adressa... Et relisez, aussi bien, les discours de nos hommes politiques, ou même les chefs-d'œuvre de nos écrivains. Songez à votre jeunesse songeuse, à tous ces rêves et projets! Même réalisés, ce n'est plus ça. Et le succès est amer presque autant que la défaite. Vanité de tout : vérité de tout. Comment ne serait-on pas déçu, puisqu'on désirait sans connaître, puisqu'on prenait son désir pour une connaissance? Déception : désillusion. C'est la même chose, et le goût même de la vérité. L'amour déçoit. Le travail déçoit. La politique déçoit. L'art déçoit. La philosophie déçoit. Du moins ils déçoivent d'abord et long-temps – jusqu'au jour où on les aime pour ce qu'ils sont, pour ce qu'ils sont réellement, pour ce qu'ils sont malgré tout, et non plus pour ce qu'on en avait rêvé ou espéré. Travail du deuil : travail de la désillusion. Il ne s'agit pas de croire; il s'agit de connaître et d'aimer. Un écrivain qui croit encore à la littérature, que peut-il nous apprendre d'important sur elle ou sur la vie? Et un philosophe, s'il croit à la philosophie? Un musicien, s'il croit à la musique? Un peintre, s'il croit à la peinture? Et comment aimer vraiment, tant qu'on croit à l'amour, tant qu'on en fait une religion, un absolu, un rêve? Toute espérance est déçue toujours, même quand elle est satisfaite; c'est en quoi la satisfaction si souvent est douceâtre, comme un désir éventé dès qu'il est assouvi... Beaucoup, constatant que la vie ne répond pas à leurs espérances, vont alors accuser la vie, lui reprocher absurdement d'être ce qu'elle est (comment serait-elle

autre chose ?), enfin s'enterrer vivant dans la rancœur ou le ressentiment... J'aime mieux la joyeuse
amertume de l'amour, de la souffrance, de la désillusion, du combat, victoires et défaites, de la résistance, de la lucidité, de la vie en acte et en vérité.
J'aime mieux le réel, et la dureté du réel. Si la vie
ne répond pas à nos espérances, ce n'est pas forcé-
ment la vie qui a tort : il se pourrait que ce soient
nos espérances qui nous trompent, depuis le début
(depuis la nostalgie première qui les nourrit), et
que la vie ne puisse dès lors que nous détromper...
Goût saumâtre de la déception, dont rien ne guérit
que le désespoir, s'il est possible, la sapidité très
âcre et très salutaire du désespoir. Toute espérance
est déçue, toujours ; il n'est de bonheur qu'*inespéré.*

Puis il y a la fatigue, qui nous ressemble tellement, qui nous accompagne, qui n'est peut-être
que la mort elle-même qui travaille, qui nous travaille, ou la vie lentement qui s'use et qui résiste...
Ce qu'il nous aura fallu malgré tout de courage !
Puis l'angoisse, puis la lubricité (ce goût pour l'ob-
scène et l'obscur), puis la violence, puis l'amour-
propre... Tant de goûts, tant de dégoûts... J'arrive
au terme de ces pages, et j'ai le sentiment d'avoir à
peine esquissé l'essentiel. Quoi ? Amère, éphé-
mère : la vie même. Tout ce qui n'est pas tragique
est dérisoire ; c'est en quoi vivre est tragique, c'est
en quoi vivre est dérisoire, et ces deux goûts ne cessent de se mêler, de s'associer, l'un tantôt domi-

nant l'autre, qui le dominait l'instant d'avant, tantôt se fondant en lui au point qu'ils ne font qu'un... Vivre est une tragédie, vivre est une comédie, et c'est la même pièce, et elle est belle et bonne, en tout cas elle peut l'être, si nous savons la vivre, si nous savons l'aimer comme elle est, et d'ailleurs nous n'avons pas le choix. Il faut aimer la vie comme elle est, ou ne l'aimer pas. C'est où je retrouve Alain, et Montaigne, et Lucrèce, et Spinoza... Aimer : accepter. Supporter, quand il faut ; se réjouir, quand on peut. Sagesse tragique, et c'est la seule qui ne mente pas. Au fond c'est ce que Freud appelle le travail du deuil, et cela vaut mieux que la religion ou le mensonge. Plutôt la vérité amère que le sirop de l'illusion !

Fraise ou bière ? Fraise *et* bière. Bonheur et malheur. Vie et mort. Plaisir et souffrance. Sagesse tragique : sagesse d'Héraclite. On n'a pas le choix, et c'est ce que signifie l'existence. Le réel est à prendre ou à laisser. La vie est à prendre ou à laisser. Et la laisser, c'est la prendre encore, au moins une dernière fois, comme la prendre n'est qu'une façon encore de la laisser... Celui qui n'aimerait que le bonheur n'aimerait pas la vie, et s'interdirait par là d'être heureux. L'erreur est de vouloir trier, comme aux étalages du réel. La vie n'est pas un supermarché, dont nous serions les clients.

L'univers n'a rien à nous vendre, et rien d'autre à offrir que lui-même – rien d'autre à offrir que tout.

A quoi bon ? Il n'y a pas de réponse, et cela supprime la question. Mais la vie non. Mais le plaisir non. Mais le bonheur non, quand il est là. Quel bonheur ? Le seul qui reste, hors la foi. Celui qu'on ne trouve qu'à la condition d'y renoncer. Celui qui ne se possède pas. Celui qui ne se donne que dans le mouvement de sa perte, comme un amour libéré de l'amour, comme une joie libérée de la peur, libérée – dirait Spinoza – de l'espoir et de la crainte. C'est le seul bonheur que je connaisse, le seul que j'ai vécu parfois, de loin en loin, assez toutefois pour n'en pas oublier la saveur, à la fois amère et douce, qui m'a paru le goût même de vivre, et me l'a donné.

Comme la vie a goût de bonheur, ainsi le bonheur a goût de désespoir.

Mourir guéri?

DE tous les progrès scientifiques et techniques que notre siècle a connus, et ils sont considérables, aucun ne nous touche de plus près que ceux de la médecine : voilà notre vie même, dans son intimité biologique et psychologique, devenue objet de science! Le projet de la civilisation technicienne, dont Descartes avait si bien su formuler l'ambition («devenir comme maîtres et possesseurs de la nature»), culmine là, et peut-être se referme, dans la maîtrise du maître et dans la connaissance objective du sujet qui connaît. Ce sont maintenant nos succès qui nous menacent. Qui maîtrisera la maîtrise, et que reste-t-il du sujet quand il devient objet du savoir et de la technique?

C'est d'une véritable révolution qu'il s'agit. Certes, la médecine est aussi ancienne, ou peu s'en faut, que la civilisation : vivre c'est survivre, et l'homme, parce qu'il se sait mortel, parce qu'il s'éprouve fragile, a dû très tôt combattre, comme il le pouvait, à tâtons et souvent sans succès, tel ou tel trouble ou maladie. Hippocrate vécut un siècle avant Euclide, et la médecine chinoise se perd, semble-t-il, dans la nuit des temps. Mais ces médecines, aussi estimables ou utiles qu'elles aient pu être, n'avaient rien de scientifique : c'est au XIXe siècle seulement (en France avec Magendie et Claude Bernard) que la médecine opère sa révolution épistémologique, laquelle ne produira ses effets que peu à peu, pour atteindre, au cours de notre siècle, l'étonnant développement que l'on sait. Art ? Science ? Technique ? Peu importent les mots, et il se pourrait que les trois, ici, aient leur pertinence. Toujours est-il que la scientificité de la médecine n'a cessé de croître, jusqu'à atteindre, vers le milieu du XXe siècle, un seuil qualitatif, qui changea notre vie à tous. Les vieux médecins se souviennent encore d'une époque pas si ancienne où les médicaments vraiment efficaces se comptaient sur les doigts des deux mains, et où le diagnostic devait tout à l'examen simplement clinique (sans tests de laboratoire, sans imagerie médicale...), voire au *flair* du praticien. On se souvient des médecins de Molière, et du docteur Knock : « Ça vous chatouille, ou ça vous gratouille ?... » Nous en sommes loin. L'examen clinique reste évidemment nécessaire, et le *flair* peut encore servir ;

mais les médicaments, surtout depuis la dernière guerre mondiale, n'ont cessé de se multiplier, les moyens d'investigation aussi, et si cela ne va pas parfois sans quelque abus ou gaspillage, il est clair qu'on ne saurait trop se féliciter des possibilités nouvelles qu'un tel progrès — aussi bien scientifique que technique — offre à la thérapeutique. La médecine moderne sauve des vies, par milliers, par millions, et cela suffit à justifier les moyens qu'elle se donne. Tous les moyens ? Ce n'est pas si simple. Parce qu'elle a l'homme pour objet, la médecine est aussi soumise, elle doit l'être, à des exigences éthiques, qu'aucune science ne pourra jamais abolir ni remplacer. Qui admettrait qu'on expérimente, sans leur accord, sur des « cobayes » humains ? Qui ne se soucie des possibilités inquiétantes (par exemple s'agissant d'éventuelles manipulations génétiques des cellules germinales) qu'offrent aujourd'hui les progrès mêmes de la biologie ? La science — toute science — est sans conscience ni limites, sans autres limites, veux-je dire, que celles qu'elle se donne pour tâche de franchir, qu'elle franchit en effet, tôt ou tard, et qui ne sauraient dès lors la limiter. Si on laisse les sciences et les techniques à la pure spontanéité de leur développement interne, une seule chose est certaine : selon le principe bien connu, *tout le possible sera fait* — et c'est, s'agissant de l'homme, ce qu'il n'est plus possible d'accepter. Il faut donc, au développement spontané (et heureux) de la médecine scientifique, des limites externes : déontologiques, éthiques ou juridiques, selon les cas et les enjeux, d'ailleurs toutes nécessaires et irréductibles les unes aux autres. La morale ne tient pas lieu de législation, ni la législation de morale. Et aucun comité d'éthique ne saurait libérer quiconque – médecin ou citoyen – du devoir de juger. La bio-éthique, comme on dit aujourd'hui, n'est pas une partie de la biologie ; c'est une partie de l'éthique, si l'on veut, autant dire (puisque l'éthique n'est pas un savoir) une partie de notre responsabilité simplement humaine : devoirs de l'homme vis-à-vis de l'autre homme, et de tous vis-à-vis de l'humanité.

Ces problèmes sont aujourd'hui sur la place publique, et c'est tant mieux. Raison de plus pour ne pas m'y arrêter davantage : ils sont bien connus, et le risque existe aussi qu'ils en viennent à occuper tout l'espace de réflexion, masquant ainsi d'autres problèmes, moins spectaculaires peut-être, moins nouveaux sans doute, mais non moins graves. La modernité se condense là, avec ses enjeux et ses dangers. Mais ce n'est pas là que se joue toujours, ni même souvent, l'essentiel de notre rapport à la médecine ou, cela revient au même, à la santé, à la maladie, à la vie et à la mort. L'essentiel n'est pas toujours neuf ; la nouveauté n'est pas toujours l'essentiel. La médecine, comme discipline scientifique, est toute récente. Mais la vie, non. Ni la maladie. Ni la santé. Et quoi de plus ancien que la mort ? Ce serait niaiserie qu'imaginer que la médecine puisse changer le tout de notre existence, et c'est de cette niaiserie qu'il faut se libérer d'abord. Je me souviens, enfant, avoir rêvé que les progrès de la médecine me dispenseraient de mourir. Naïveté du jeune âge. Mais c'était celle aussi de l'époque : on annonçait pour l'an 2000 un bouleversement complet de notre vie, et la science semblait encore pouvoir tenir lieu de religion. Puis le temps a passé. L'an 2000 c'est aujourd'hui, et l'on n'en meurt pas moins, bien sûr, et la maladie comme la santé restent ce qu'elles sont − des états ordinaires du vivant.

Il faut s'arrêter là, un instant. Quand je dis que l'on n'en meurt pas moins, j'ai l'air d'ignorer un fait fondamental, qui est l'accroissement − grâce aux progrès de l'hygiène et de la médecine − de l'espérance de vie, et l'abaissement qui en résulte du taux de mortalité. On vit de plus en plus longtemps, me dira-t-on ; c'est donc qu'on meurt de moins en moins ! Dont acte. Mais le taux de mortalité n'a de signification que statistique : rapportant le nombre de décès, pour une année, au nombre des vivants, il mesure la fréquence *sociale* de la mort, pour une époque donnée. Et il est vrai qu'on meurt de moins en moins, en ce sens ; mais *on* c'est n'importe qui : sujet impersonnel, comme on dit très bien, fantôme statistique, pure variable anonyme dans un calcul. Or, ce n'est pas *on* qui meurt : c'est un individu, et ils meurent tous. Si l'on considère cet individu dans sa singularité concrète, et non plus dans l'abstraction des statistiques, il reste vrai qu'il vit plus longtemps, presque toujours, que ce qu'il aurait pu espérer un ou deux siècles plus tôt. Mais qu'il meure moins, non : il meurt plus tard, mais tout autant. Le taux de mortalité, pour tout individu, est évidemment constant, puisqu'il est égal à un. Or c'est à cela que j'ai affaire, personnellement (ma mort, celles de mes proches : toutes inévitables!), et non aux moyennes des démographes.

De là un malentendu, peut-être, entre les patients que nous sommes tous et les médecins qui nous soignent. Que leur demande-t-on? Qu'ils nous guérissent. Mais ce n'est pas toujours possible, et ce ne l'est jamais définitivement. La mort marque, sinon l'échec, du moins la limite de la médecine. S'agissant d'autrui, on est surtout frappé par les progrès. Mais s'agissant de soi ou de ses proches, ce sont les limites souvent qui passent au premier plan. Il y a toujours des enfants qui meurent, même dans nos pays développés, que la médecine la plus moderne est impuissante à sauver. Toujours des vieillards qui croupissent dans la démence ou l'urine. Toujours des cancéreux qui agonisent. Puis il y a moi, et ma mort qui m'attend. On meurt de moins en moins et je meurs tout autant : comment l'accepter, comment n'en pas vouloir aux médecins de leur inefficience ?

C'est qu'on leur demande trop, bien sûr. On attend d'eux qu'ils nous guérissent, mais aussi, obscurément, absurdement, qu'ils nous empêchent de mourir. Comment le pourraient-ils ? Telle est bien pourtant leur fonction explicite : soigner, c'est combattre la mort sur son terrain, qui est la vie. Mais à la fin c'est toujours la mort qui gagne, et tous les progrès du monde n'y feront rien. Knock a raison, au moins sur ce point : « La santé est un état précaire, qui ne présage rien de bon. » C'est une question d'échelle, et cela fait sourire parce qu'elle est ici disproportionnée. Mais qu'importent les proportions, quand il s'agit du tout de l'existence ? La santé n'est pas un salut, voilà le point, et c'est ce qui interdit à la médecine d'être une religion.

Parce que l'homme est mortel, la médecine porte en elle sa limite ou son échec. Métier tragique, donc, qui se confronte au pire, presque quotidiennement, et qui ne sait que reculer le moment de sa défaite ultime. « La pédiatrie, m'expliquait un pédiatre, c'est tout de même plus réconfortant que la gériatrie... » Voire. Le pire, pour plus exceptionnel qu'il y soit, y est aussi plus atroce, me semble-t-il, et ce métier admirable m'aurait écrasé. Mais admettons. Qui ne voit que la pédiatrie, par ses succès mêmes, fournit des clients aux gérontologues, et n'en retire aucun aux croque-morts ? Médecine, où est ta victoire ?

« A l'égard de toutes les autres choses, disait Épicure, il est possible de se procurer la sécurité, mais, à cause de la mort, nous, les hommes, habitons tous une cité sans murailles. » C'est la cité de vivre. Sans murailles ? Disons qu'elle n'a d'autres murailles que soi, et c'est ce qu'on appelle la santé. Bichat pouvait sembler plus près de la vérité, ou davantage médecin, dans sa définition fameuse : « La vie est l'ensemble des fonctions qui résistent à la mort. » C'était dire aussi qu'elle la suppose, et que le temps ou l'entropie jouent contre elle. Cela donne raison, pour finir, à Épicure : la vie est sans murailles, puisque les murailles sont la vie même et promises toujours à la destruction ou au néant.

Qu'on n'en tire pas trop vite une conclusion négative, qui n'était pas dans l'esprit d'Épicure. Que la vie soit mortelle, ce n'est pas une raison pour l'aimer moins. En est-ce une pour l'aimer davantage ? C'est ce qu'on peut penser, et qu'Épicure pourtant ne dit pas. Que les dieux puissent s'ennuyer de leur immortalité, c'est une idée moderne, qui prouve à elle seule notre malheur. Comme il faut aimer peu la vie, ou mal, pour imaginer qu'on s'en puisse lasser ! Les Grecs – du

moins ces Grecs-là – pensaient plutôt que la mort
n'atteint pas l'essentiel du vivant, puisqu'elle le
supprime : « Quand nous sommes, disait Épicure,
la mort n'est pas là ; et quand la mort est là, nous
ne sommes plus. » Comment pourrions-nous, ma
mort et moi, nous rencontrer ? La mort n'est rien
pour les vivants, puisqu'ils sont, ni pour les morts,
puisqu'ils ne sont pas. L'ampleur de sa victoire
nous en préserve donc : la mort nous détruit sans
nous atteindre. Son néant même – si nous savions
la penser strictement – devrait nous dissuader de la
craindre. Avoir peur de la mort c'est avoir peur de
rien, et cela définit assez bien l'angoisse et notre
folie. Ce n'est pas la mort qu'il faut vaincre – puisqu'on ne peut –, c'est la peur que nous en avons.
La sagesse, non la santé, est le remède. La philosophie, non la médecine, le chemin. Il s'agit de vivre,
et de vivre heureux si nous le pouvons. Mais comment des mortels le pourraient-ils (sauf à se bercer
d'illusions) sans accepter la mort ?

C'est ce que nous ne savons pas faire. Narcisse
s'affole à s'imaginer absent, et pleure, sottement,
au bord de son tombeau... Sottement, puisque le
tombeau est vide, et puisqu'il ne sera plus là pour
pleurer quand son tombeau sera plein... Cette sottise est nôtre ; elle nous tient, elle nous constitue,
elle nous déchire. Comment serions-nous sereins,
comment serions-nous heureux, si le présent ne
nous suffit pas, si notre vie inquiète, comme disait

Sénèque citant Épicure, « se porte tout entière vers l'avenir » ? La mort y doit mettre un terme, et c'est vers elle pourtant, d'espérance en espérance, que nous courons. « Qu'arrivera-t-il ? demande encore Sénèque. Tu as tes occupations, et la vie se hâte ; sur ces entrefaites la mort sera là, à laquelle, bon gré mal gré, il faut bien finir par se livrer. » La mort ne nous prive que de l'avenir ; c'est pourquoi, pour presque tous, elle nous prive de l'essentiel.

Puis il n'y a pas que la mort : il y a tout ce chemin qui y mène, qui lui ressemble, qui la prépare... Vivre, c'est vieillir − et vieillir, disait Montaigne, c'est mourir par morceaux. Contre quoi la médecine ne peut rien, ou guère, quand bien même on lui demande follement (voyez la chirurgie esthétique) d'arrêter le temps. Vieillir n'est pas une maladie, ou bien la vie en serait une. Cela n'empêche pas de combattre les rides, si on le désire, ni a fortiori les atteintes plus graves ou plus handicapantes du grand âge, si on le peut. Mais une telle entreprise, même couronnée de succès, ne saurait nous dispenser d'évoluer, de changer, et de perdre par là, d'instant en instant, celui que nous étions. La vie n'est qu'une occurrence parmi d'autres de l'universel devenir : tout change, tout disparaît, et notre corps ne fait qu'accompagner ce mouvement, où il se perd. L'enfant meurt dans l'adulte, comme l'homme jeune dans le vieillard. Et qui ne préfère la jeunesse ? La vie est le contraire d'une utopie, puisque l'on vieillit, puisque l'on meurt. Aussi ne peut-on l'aimer telle qu'elle est — c'est-à-dire l'aimer — qu'à la condition de renoncer à l'utopie. Si tu n'acceptes pas la mort, explique à peu près Montaigne, comment pourrais-tu aimer la vie qui y mène ? J'entends bien que c'est la vie qui vaut : la mort, lit-on dans les *Essais,* « est le bout, non le but de la vie ; c'est sa fin, son extrémité, non pourtant son objet ». Philosopher c'est apprendre à vivre, non à mourir. Pourquoi apprendrait-on à mourir, d'ailleurs, puisque on est sûr d'y arriver, puisque c'est le seul examen, comme disait un vieux professeur, que personne n'ait jamais raté ? Montaigne, après y avoir pensé toujours, pour s'y accoutumer, jugeait finalement plus sage, à la fin de sa vie, de ne pas s'en préoccuper, de la laisser simplement venir, comme font nos paysans, disait-il, qui meurent aussi bien que quiconque. « Si vous ne savez pas mourir, ne vous chaille [ne vous en souciez point] ; nature vous en informera sur le champ, pleinement et suffisamment. » Vivre est plus difficile, ou la nature, face à la vie, nous laisse davantage démunis. Personne n'a jamais échoué à mourir ; mais à vivre... Or comment vivre, du moins comment vivre heureux, sans accepter la trame même de notre existence, qui est le temps qui passe et la vie qui se défait ? « La mort est l'objet nécessaire de notre visée, écrit encore Montaigne ; si elle nous effraie, comment

est-il possible d'aller un pas en avant sans fièvre ?
Le remède du vulgaire c'est de n'y penser pas... »
La médecine peut nous y aider, qui n'est alors
qu'un divertissement comme un autre. Jamais cela
ne fut plus vrai qu'aujourd'hui : l'hôpital met la
mort à distance, pour les autres, pour les bien-por-
tants, au point qu'ils finissent, parfois, par l'oublier. « Mourir ? Vous n'y pensez pas ! Je ne fume
plus, et j'ai un très bon médecin... » Pauvres petits
enfants que nous sommes ! D'autres, contre l'angoisse, se bourrent d'anxiolytiques, d'autres
s'étourdissent dans le travail ou le plaisir... Ils font
semblant de ne pas mourir, et c'est ce qu'ils appel-
lent leur santé.

« Tout de même, me disait un ami, ne pas attra-
per le sida, ce n'est pas un but suffisant dans l'existence ! » Il avait bien sûr raison. Et pas davantage
échapper au cancer ou à l'infarctus... Combien de
vies, à force de vouloir l'éviter, se vouent ainsi tout
entières à la mort ? C'est perdre sa vie en voulant
la sauver. Vivre dangereusement ? Ce n'est pas le
problème. Vivre est un danger suffisant. Encore
faut-il l'accepter, plutôt que de le fuir. L'hygiène
ou la prudence, aussi nécessaires qu'elles soient, ne
tiennent pas lieu de sagesse, ni la peur du trépas
d'amour de la vie. Lucrèce évoque quelque part
ces gens qui se donnent la mort pour échapper à

l'angoisse qu'elle leur inspire. D'autres vivent de même, et cela fait comme un long suicide différé : toute une vie à l'ombre de la mort !

Comment y échapper ? En vivant dans le plein jour de la vérité : en acceptant la vie telle qu'elle est, si on le peut, en acceptant donc aussi la mort, la vieillesse, la maladie... Et en acceptant l'angoisse ou l'horreur, si l'on ne peut pas.

« *Si vis vitam,* disait Freud modifiant l'adage latin bien connu, *para mortem* » : si tu veux pouvoir supporter la vie, sois prêt à accepter la mort. Épicure ne disait pas autre chose, ni les stoïciens, ni Montaigne. Dire oui à la vie, c'est dire oui aussi à sa finitude, à ce qu'elle comporte pour nous, nécessairement, d'échecs et de frustrations : dire oui à la vie, c'est dire oui aussi à la maladie et à la mort. Non, certes, que tout se vaille ! Que la vie vaille mieux que la mort, que la santé vaille mieux que la maladie, c'est une évidence, qui justifie la médecine. Mais la question est de savoir ce qu'on fait quand la santé n'est pas là, quand la médecine échoue à nous la rendre, quand la mort est le seul avenir disponible. « Il s'est battu jusqu'au bout », dit-on parfois. Fort bien. Mais qu'est-ce à dire, sinon qu'il n'a jamais trouvé la paix ni le repos ? En fut-il moins vaincu ? Moins malheureux ? Il est mort en état de guerre : son dernier instant fut sa dernière défaite. Ne peut-on souhaiter autre chose ?

Combattre la mort? Certes! Mais jusqu'à quand? Jusqu'où? Il m'arrive de penser que nous la combattrions mieux si nous la craignions moins, comme nous saurions mieux nous soigner si nous acceptions davantage d'être malades. Cela vaut aussi pour les proches : comment aider sans accepter? Mais le premier mouvement, devant l'horreur, est de refus, toujours, et c'est ce que les médecins – parfois en disant la vérité, parfois en ne la disant pas – doivent d'abord surmonter. Il n'y a pas de recette : chacun se débrouille comme il peut, et je sais d'expérience combien nous sommes, face au pire, effrayés et démunis. Un enfant malade, le monde s'écroule. Le courage ne suffit pas. La philosophie ne suffit pas. L'amour? Il arrive que ce ne soit, hélas, qu'une torture supplémentaire. Accepter cela aussi : notre faiblesse, notre terreur, notre incapacité à accepter. Le bonheur doit moins au courage qu'à la chance, moins, même, à la sagesse qu'à la chance. L'étymologie le dit, la vie le confirme : être heureux, c'est d'abord avoir le bonheur (la chance) de l'être. Non que la volonté n'y fasse rien, ni la raison. Mais la volonté ne peut pas tout ; la raison ne peut pas tout. Et qui choisit d'en avoir plus ou moins? Qui se choisit soi? Le hasard décide : c'est ce que les Grecs appelaient le destin, que nous appelons la chance quand elle sourit. Qu'elle ne suffise pas, chacun le sait. Mais qui pourrait s'en passer? La vie décide :

l'horreur décide. Pour tout être, il y a ce qu'il peut supporter et ce qu'il ne peut pas. Le destin est donc le plus fort, toujours ; seuls l'ignorent ceux qu'il a épargnés. Quel père ne tremble pour son enfant ? Quelle mère ? Qui peut jurer de son propre courage, quand il faudra mourir ? Et combien furent brisés par trop d'atrocité soudaine ou lente ? Mais enfin le réel commande, et c'est ce qui distingue la médecine de la sorcellerie.

Mourir guéri ? Ce paradoxe vaut bien sûr comme réfutation : la médecine ne suffit pas, la santé ne suffit pas, puisque l'on meurt. Mais il pourrait aussi valoir comme mot d'ordre, ou comme l'indication d'un chemin. Si la maladie est le contraire du normal, comme on s'accorde à le penser, il faut en tirer les conséquences : la vieillesse n'est pas une maladie, la mort n'est pas une maladie, puisqu'il est normal qu'on vieillisse et qu'on meure. Qu'on puisse mourir en bonne santé n'est alors ni absurde ni contradictoire. Vieillir et mourir font partie de notre destin ordinaire, de notre normalité biologique. Quoi de plus naturel qu'un cadavre ? J'irais plus loin : la maladie, en ce sens, n'est pas une maladie, je veux dire qu'il est normal que nous soyons malades, parfois, normal que nous ne soyons pas toujours absolument « normaux », absolument « sains », et que c'est une vie protégée de toute pathologie – *a fortiori* protégée de la mort ! – qui serait hors normes. La santé n'est pas un empire dans un empire. Le normal et le pathologique ne sont pas deux mondes différents, sans quoi l'on ne pourrait ni tomber malade ni guérir. Ce sont deux états ordinaires du vivant, d'ailleurs impossibles à séparer absolument : la maladie fait partie de la vie, de ses capacités d'adaptation, de sa fragilité essentielle, et c'est en quoi, comme dit Canguilhem, «la menace de la maladie est un des constituants de la santé». Où l'on retrouve Knock, si l'on veut, ou plutôt Jules Romains, et ce n'est injurieux ni pour Georges Canguilhem ni pour la médecine. La santé est certes l'état normal du vivant ; mais il est normal qu'il y ait des écarts à la norme, et c'est en quoi les exceptions (les maladies) ne cessent de confirmer la règle (la santé) qu'elles supposent et transgressent. On dira que je joue sur les mots, puisque la *norma-lité* de la maladie, purement factuelle, n'est pas normative. Peut-être. Mais le fait, pour tout vivant, reste la règle ultime, à laquelle il faut bien se soumettre. La *normativité biologique*, comme dit encore Canguilhem, demeure d'ailleurs à l'œuvre au cœur même de la maladie, et c'est par quoi celle-ci reste une forme encore de la vie. Elle ne saurait donc l'infirmer : la maladie ne prouve rien contre la santé, ni la mort contre la vie.

Grande formule de Montaigne : «Tu ne meurs

pas de ce que tu es malade, tu meurs de ce que tu es vivant. » Et la même raison te fait malade, quand tu l'es. Simplement « les maux ont leur période comme les biens » : toute vie se fait et se défait, dans ce passage. Faut-il alors renoncer à se soigner ? Certes pas, et Montaigne, qui aimait tant la santé (« le plus beau et plus riche présent, disait-il, que nature nous sache faire »), ne s'est méfié des remèdes de son temps que parce qu'il tenait à la sienne. Qui jurerait qu'il eut tort ? « La belle lumière de la santé, si libre et si pleine », comme il dit joliment, il ne voulait pas l'abandonner à quelque méchant cuistre. Cela ne l'empêcha pas de courir les eaux thermales (il souffrait de coliques néphrétiques), et je ne doute pas qu'il eût volontiers suivi ses médecins, s'ils eussent valu les nôtres. Mais se soigner n'est pas tout, et aucun médecin ne saurait vivre − ni mourir − à notre place.

Les Anciens faisaient volontiers de la philosophie une médecine : c'était la médecine de l'âme, dont la sagesse serait la santé. C'est ce que nous ne pouvons plus croire, non seulement parce que la médecine est devenue scientifique, ce qu'aucune philosophie ne saurait être, mais encore parce que l'âme a trouvé ses thérapeutes, qui ne sont pas philosophes. Du coup, nos contemporains feraient volontiers l'erreur inverse : la philosophie n'est plus une médecine, pour eux, mais la médecine leur paraît pouvoir tenir lieu, et fort avantageusement, de philosophie! «Docteur, je suis triste, angoissé, déprimé... Vous ne pourriez pas me donner quelque chose?» Et d'attendre le bonheur en pilules ou en sachets...

C'est confondre des ordres différents. Que la santé soit une grande chose, j'en suis on ne peut plus convaincu. Plus importante que la philosophie? Bien sûr, puisqu'elle la conditionne! Qui peut philosopher quand il est fou, quand il est déchiré d'angoisse ou de souffrance? Je suis comme Montaigne : la santé m'importe plus que la sagesse ou la gloire, et plus que tout. «Certes, je n'ai point le cœur si enflé, lit-on dans les *Essais*, ni si venteux, qu'un plaisir solide, charnu et moelleux comme la santé, je l'allasse échanger pour un plaisir imaginaire, spirituel et aéré. La gloire, voire celle des quatre fils Aymon, est trop cher achetée à un homme de mon humeur, si elle lui coûte trois bons accès de colique. La santé, de par Dieu!» Tout le reste vient après, puisque tout le reste en dépend. Mais la plus belle fille du monde, comme on dit, ne peut donner que ce qu'elle a. Comment la santé nous donnerait-elle le bonheur? Comment pourrait-elle y suffire? Le malheur n'est pas une maladie (même si une maladie peut rendre malheureux), et la santé n'a jamais suffi au bonheur de quiconque. Un de mes amis, psychiatre et psychanalyste, me dit combien il est encombré de patients qui viennent le voir parce qu'ils font, comme ils disent, une dépression. «Je les reçois, m'explique-t-il, je les écoute, et pour beaucoup d'entre eux je découvre qu'ils ne sont pas plus déprimés que toi ou moi, en tout cas qu'ils ne sont pas malades. Ils sont simplement malheureux, et souvent pour de très bonnes ou très respectables raisons : parce qu'ils vivent avec un homme ou une femme qu'ils n'aiment plus, ou dont ils ne sont plus aimés, ou qui les trompe, parce qu'ils font un travail qui les ennuie ou les épuise, ou bien parce qu'ils sont chômeurs, parce qu'ils manquent d'argent, de temps, d'amis, parce qu'ils s'inquiètent pour leurs enfants, pour leur avenir, parce qu'ils sont fatigués, parce qu'ils vieillissent, parce qu'ils ont peur de mourir... Que puis-je pour eux ? En quoi sont-ils malades ? Vais-je les rendre immortels, riches, heureux ? Tu te doutes que je ne les mets pas à la porte ; mais j'essaie de leur faire comprendre que ce n'est pas de médecine, ni même de psychothérapie, qu'ils ont besoin... » De fait, être triste, dans de telles conditions, c'est une réaction normale, et plutôt une marque de santé qu'un symptôme ! L'étonnant serait qu'ils soient heureux quand tout va mal, avec une vie si difficile, si compliquée, si frustrante. On penserait alors à une euphorie morbide, qui pourrait laisser craindre une bouffée délirante, justifier peut-être un traitement... Mais le malheur, quand on n'a aucune raison d'être heureux ? Quand on en a de très fortes, au contraire, d'être malheureux ? Quoi de plus normal ? Cela n'empêche pas de demander secours à la médecine, quand l'angoisse ou la tristesse emportent tout. Mais on aurait tort de s'en contenter : c'est aussi la vie qu'il faut changer, si l'on peut, ou le regard sur la vie, ou sur soi... Comment la médecine pourrait-elle y suffire ? Quant à ceux qui souffrent vraiment de dépression, ils ont bien sûr raison de se faire soigner (ce que tous d'ailleurs ne font pas...), mais se trompent s'ils confondent la guérison et le bonheur, ou même s'ils attendent celui-ci de celle-là. La psychanalyse, disait Freud, plus lucide, cela ne sert pas à être heureux : cela sert à passer d'une souffrance névrotique à un malheur banal... Je cite cette phrase, peut-être décalée (puisque la psychanalyse, semble-t-il, n'est guère indiquée contre la dépression), pour ce qu'elle exprime d'humilité, de lucidité, de courage, et pour le démenti qu'elle oppose aux dérives ultérieures. Pour certains disciples de Freud, en effet, il semble plutôt que la cure − comme la Révolution selon Saint-Just − « ne doit s'arrêter qu'à la perfection du bonheur ». C'est dire qu'elle ne s'arrêtera jamais, ce qui est bien commode pour les thérapeutes, qui en vivent. Mais est-ce juste ?

Le problème va très au-delà de la psychanalyse.

Nous vivons dans une société de plus en plus médi-calisée, où la médecine, si l'on n'y prend garde, ou plutôt l'idéologie pan-médicale qui s'en réclame, tend à tenir lieu de rapport au monde, aux autres, à soi, autrement dit de culture, pour ne pas dire de morale et de religion. Cette illusion, qui remonte sans doute au XIXᵉ siècle, est aussi un danger. Sou-mettre la pensée à la santé, comme prétendit le faire Nietzsche (ce que François George appelle joliment «la pensée sanitaire»), c'est trahir celle-là ou se duper sur celle-ci. La santé ne prouve rien : une illusion qui fait vivre n'en est pas moins illu-soire pour autant; une vérité qui nous rendrait malade ne cesserait pas pour autant d'être vraie. La vérité n'est là ni pour le bonheur (Renan : «Il se pourrait que la vérité fût triste») ni pour la santé : elle n'est pas là *pour*; elle est là, simplement, et il faut faire avec. Quand elle nous fait souffrir, mieux vaut accepter cette souffrance, si on le peut (c'est sur quoi Freud et les philosophes s'accor-dent), plutôt que de transiger avec cette vérité. Du moins c'est ce vers quoi, d'un point de vue éthique, il faut tendre; chacun s'y essaie selon ses forces et son courage.

Au fond Voltaire, en une boutade qu'on ne peut accepter, et drôle pour cela, a peut-être suggéré l'essentiel. «J'ai décidé d'être heureux, disait-il, parce que c'est bon pour la santé.» La formule est plaisante, mais pour la même raison qui la fait fausse : elle confond les ordres et inverse les priorités. La santé est au service du bonheur, du moins elle peut l'être, non le bonheur au service de la santé ! Ni raison sanitaire, donc, ni éthique hygiénique : la santé n'est pas le but, et elle n'est pas le tout du chemin. Le chemin ? La vie, et elle seule, et tout entière. Elle forme un bloc : pas de vie sans maladies, pas de vie sans mort ! La santé n'est pas le bonheur, la médecine n'est pas une philosophie – et aucune médication ne saurait tenir lieu de sagesse.

« Le grand élément éthique dans le travail psychanalytique, disait Freud, c'est la vérité et encore la vérité. » Cela vaut aussi, et plus généralement, pour le travail de vivre, si l'on veut en faire autre chose qu'une longue et vaine prophylaxie. Il n'y a pas de vaccin contre le danger de vivre, il ne peut y en avoir, et il serait pire que le mal. La vie est le chemin, disais-je ; encore faut-il le parcourir en vérité. Au nom de quoi ? Au nom d'une certaine idée de l'homme (en tant qu'il est capable de vérité : en tant qu'il est esprit), et au nom, aussi, d'une certaine idée du bonheur.

Il ne s'agit pas seulement de ne pas souffrir – car le suicide alors serait toujours la meilleure solution. Il s'agit de vivre, le plus possible, le mieux possible : il s'agit d'être heureux, autant qu'on y par-

vient, et bien sûr on ne l'est jamais qu'à peu près.
Ce *peu* toutefois n'est pas rien, ni tout. Qui appellerait «bonheur» un bien-être qui ne serait nourri
que de drogues ou d'illusions? Qu'elles puissent
être nécessaires, parfois, tristement nécessaires,
c'est assez clair. Qu'elles puissent suffire, c'est ce
qu'on ne saurait accepter. Il n'y a de vrai bonheur
que dans un rapport heureux à la vérité. Heureux? C'est-à-dire aimant, si l'on entend par
amour, comme fait Spinoza, la joie qui naît de ce
que nous connaissons. C'est l'amour vrai du vrai,
et le seul contenu de la sagesse. La vraie vie n'est
pas ailleurs, la vraie vie n'est pas absente : la vraie
vie, c'est la vie vraie.

Puisse la santé nous laisser assez de forces, et
assez longtemps, pour goûter ce bonheur-là,
qu'elle ne saurait par elle seule apporter !

Et puissent ceux à qui elle fait défaut – nous
tous, tôt ou tard – trouver en eux assez d'amour de
la vie (au fond : assez de bonheur, ou de souvenir
du bonheur) pour lui pardonner de n'être pas
immortelle, ni invincible.

La vie fait ce qu'elle peut, tout ce qu'elle peut :
santé et maladie ne sont que deux formes de cet
effort de vivre, comme dit à peu près Spinoza, qui
est la vie même. Comment la médecine pourrait-
elle en tenir lieu ou nous en dispenser ?

Le suicide

QUE dire sur le suicide? Que dire, quand il n'y a plus rien à dire? Et à qui, quand il n'y a plus personne pour l'entendre? Il ne faut pas confondre suicide et tentative de suicide. La réussite, ici, change la nature de l'acte, puisqu'elle l'accomplit, puisqu'elle est seule fidèle à sa définition : un suicide raté n'est pas un suicide, alors qu'un mariage raté, par exemple, n'en est pas moins mariage pour autant. Réussite. Le mot ne me fait pas peur. Que tout suicide soit un échec, c'est une platitude qui ne veut rien dire. Constat d'échec? A la rigueur — quoiqu'on puisse faire ce constat sans se suicider, et se suicider, peut-être, sans le faire. Les stoïciens y voyaient plutôt la réussite ultime, qui venait, pour le sage, clore une longue suite de triomphes. Pourquoi non? Le suicidaire ne meurt pas davantage que les autres, et pas plus tôt que beaucoup. Il meurt diffé-

remment, certes, puisqu'il meurt volontairement.
C'est pourquoi aussi, parfois, il meurt mieux.

L'erreur serait, comme presque toujours, de trop
généraliser. Que certains suicides soient pathologiques, c'est assez clair. La dépression est une maladie
comme une autre, qui se soigne et qui tue. Le suicide
n'est pas son remède ; c'est son symptôme le plus
grave. Mais je ne suis pas psychiatre, ni thérapeute.
Le problème que le suicide pose au philosophe, c'est
celui de la mort volontaire. Cela suppose que l'individu soit en état de vouloir, et d'une volonté sienne.
Je sais bien que ce n'est pas si simple. Est-ce ma
volonté qui m'appartient, ou elle et moi qui appar-
tenons à mon cerveau ? J'ai lu quelque part qu'une
certaine substance chimique, parvenue aux
synapses, donnait des idées de suicide *par noyade* !
Cela rend modeste, et devrait rendre modeste surtout le philosophe. Mais quoi, la pensée n'en existe
pas moins : cette chimie-là en vaut une autre, et
mon cerveau est sensible aussi, l'expérience le
prouve, aux arguments. Modestie et confiance peuvent aller de pair : modestie devant le corps,
confiance devant le vrai. C'est le lot des médecins
comme des philosophes, et des philosophes comme
de n'importe qui. Que ce soit le cerveau qui pense,
j'en suis convaincu ; mais ce serait une curieuse infé-
rence que de renoncer pour cela à penser ! La chimie
est soumise à la logique autant – au moins autant –
que la logique à la chimie. C'est toujours le cerveau

qui pense ; c'est toujours le cerveau qui veut. Cela
toutefois ne prouve rien contre ses pensées, ni contre
ses volontés. Le suicide n'est pas seulement un symptôme ; c'est aussi un problème, et un choix.

Mort volontaire, disais-je, et le problème est là.
Je laisse de côté les cas de démence, de psychose,
de dépression, et en général tous les suicides qui
s'imposent à la volonté davantage qu'elle ne les
choisit. Est-ce la majorité des cas ? Je ne sais. Mais
la sagesse exige qu'on s'occupe d'abord de ce qui
dépend de nous, comme disaient les stoïciens, et
donc — puisque je ne suis pas médecin, ni présente-
ment malade — du suicide comme acte volontaire.
Le suicide comme décision, donc, et non comme
pathologie, le suicide comme choix au moins possible, le suicide en tant qu'il dépend de nous, voilà
mon problème et celui de n'importe qui. On se
souvient que Camus y voyait «le problème fondamental de la philosophie», ce qui m'a toujours
paru exagéré. Mais que ce soit un problème, et un
problème philosophique, qui peut le nier ?

L'expression «mort volontaire» est équivoque.
Le suicidaire ne choisit pas de mourir (c'est un choix
que l'on n'a pas : il faudra mourir de toute façon),
mais de mourir *maintenant*. Combien feraient ce
choix, s'ils pouvaient échapper au néant ? Combien
avanceraient l'heure de leur mort, s'ils pouvaient ne
mourir jamais ? Lucrèce avait déjà perçu — avant,
peut-être bien, de se suicider lui-même — que c'est la

certitude effrayante du trépas qui rend la vie haïssable à beaucoup, au point parfois qu'ils se donnent la mort pour échapper enfin à l'angoisse qu'elle leur inspire... Sans compter que la perspective inéluctable de la mort interdit, comme celle de la vieillesse, d'espérer toujours que le temps travaille pour nous, que les choses, comme on dit, finiront par s'arranger. Immortels, nous pourrions le penser, et attendre, attendre... Mais à quoi bon, si la mort seule est certaine ? Si la vieillesse seule, ou la souffrance, nous en sépare ? C'est en quoi le faux procès qu'on fait aux suicidés — qu'ils auraient trahi la vie, pris le parti de la mort... —, outre qu'ils ne sont plus en état de s'en soucier, ne les atteint pas. Est-ce leur faute à eux si toute vie est mortelle ? En quoi ont-ils trahi la vie davantage que la vie ne les a trahis ? Se suicider, c'est choisir non la mort (on ne peut pas plus choisir de mourir que d'être né) mais le moment et la manière de sa mort. C'est un acte tout d'opportunité, relatif par essence (ce n'est pas la même chose de se suicider à vingt ans ou à soixante, quand on est malade ou quand on est en bonne santé...), et point l'absolu qu'on veut parfois y voir. Il s'agit, ni plus ni moins, de gagner du temps sur l'inévitable, de devancer le néant, de prendre le destin, si l'on veut, de vitesse. Le suicide n'est ni l'infamie que certains condamnent ni l'apothéose dont d'autres se réclament. Évitons louanges et diatribes. Le suicide n'est ni un sacrilège ni un sacrement, ni une apothéose ni une apostasie. C'est un chemin de traverse, simplement, le plus bref, le plus radical, une échappée sur rien, une anticipation de l'inéluctable. C'est le raccourci définitif.

Les Anciens étaient là-dessus plus raisonnables que nous. Je ne sais guère que Platon, tellement avide de mourir pourtant (ou peut-être à cause de cela?), qui ait fait du suicide un interdit. Les stoïciens y voyaient au contraire, quand il fallait mourir, la mort la plus digne du philosophe, la plus libre, la plus raisonnable. Épicure, sur le sujet, devait être plus réservé. Il n'en conseillait pas moins – par pur amour de la vie et des plaisirs – de garder toujours en tête la *possibilité* du suicide. Que la vie ne vaille pas la peine d'être vécue, c'est assurément une sottise, pensait-il, dont le premier plaisir venu doit guérir tout homme que la mort n'affole pas. Et les plaisirs sont si nombreux, si facilement disponibles... Celui qui crache sur la vie, qui regrette d'être né, ou qui le prétend, il se réfute par là (que n'est-il *déjà* mort?). N'en déplaise à Cioran et aux nihilistes d'aujourd'hui, ce n'est pas un inconvénient que d'être né : c'est une chance, c'est un plaisir, et le corps le sait bien. Matérialisme : hédonisme. Cet épicurisme est de tous les temps. La vie est bonne, et elle seule; les bonnes raisons de la quitter, remarquait Épicure, ne sont pas si nombreuses. Simplement le pire est possible aussi, le pire arrive parfois (le pire ? ce qu'on ne peut supporter dignement : la souffrance atroce et durable, la déchéance, le handicap insurmontable...), et le suicide alors, plus facilement que la sagesse, suffit à nous en préserver. On dira que la facilité n'est pas un argument. Soit. Mais notre faiblesse en est un, ou plutôt les arguments ne valent que pour autant que nous ayons la force de les suivre. Du suicide, le sage n'a jamais besoin peut-être. Mais pour nous, qui ne sommes pas des sages, qui ne le serons jamais, il est bon que nous gardions en tête l'issue toujours possible qu'il nous offre. C'est un gage de sérénité, de liberté, de bonheur. « Il n'y a rien à craindre dans la vie, expliquait Épicure, pour qui a compris qu'il n'y a rien à craindre dans la mort. » Le suicide permet d'éviter ce qu'on n'est pas capable de supporter (c'est un antalgique souverain, et sans risque d'accoutumance) ; c'est en quoi l'idée du suicide, pensée sereinement, fait partie de celles qui rassurent ou qui aident à vivre (elle constitue un anxiolytique commode et, chez l'homme sain, sans effets secondaires). Bref, remarquait encore Épicure, « la nécessité est un mal, mais il n'y a aucune nécessité de vivre sous l'empire de la nécessité ». Non, bien sûr, qu'il faille se suicider pour être libre, ce qu'Épicure n'a jamais dit ni pensé. Mais en ceci que la permanente *possibilité* du suicide rend la vie

tout entière volontaire : on ne peut choisir d'être
né, ni d'être mortel, mais bien de vivre plus ou
moins longtemps, de continuer ou pas à vivre.
C'est en quoi l'idée du suicide fait partie de l'arse-
nal de l'homme libre. « Qui a appris à mourir, dira
l'épicurien Montaigne, il a désappris à servir. »
Non, j'y insiste, qu'il faille se suicider pour devenir
libre : quelle absurdité plus manifeste ? Mais il faut
savoir qu'on le peut pour ne pas oublier qu'on
l'est. Qui s'interdit le suicide fait de sa vie une fata-
lité ; qui y consent, un acte.

On dit que Diogène, très vieux, se suicida en
arrêtant volontairement de respirer. Le fait, qui est
sans doute légendaire, donne pourtant une assez
belle idée de la liberté.

Ceux-là ne tenaient pas à eux-mêmes plus qu'à
la vertu, ni à la vie davantage qu'au courage.

Autres temps, autres mœurs. Deux mille ans de
christianisme ont fait du suicide un péché, évidemment mortel, en tous les sens du terme, et dès lors
sans rémission. Tant de sottise effraie. Les mêmes
– ils ont la charité implacable – condamneront l'euthanasie, en toute circonstance et pour des raisons
identiques. Les deux actes, de fait, sont voisins : le
suicide n'est souvent que l'euthanasie de soi-même ;
et l'euthanasie, dans notre société, n'est presque
toujours qu'une assistance au suicide. Notons pour-

tant que le suicide pose moins de problèmes, étant moins susceptible de dérives ou de perversions. L'euthanasie, si elle venait à être légalisée, ce que je souhaite, supposerait toutes sortes de barrières et de contrôles, à la fois déontologiques (pour les médecins) et juridiques (pour tous). C'est d'ailleurs pourquoi il faudrait une loi : parce que rien n'est pire, dans ces domaines, qu'une loi inapplicable, comme est l'actuelle, qu'on viole impunément dans nos hôpitaux, comme chacun sait, mais dès lors sans contrôle d'aucune sorte, ni *a priori* ni *a posteriori*. N'est-ce pas pousser trop loin le pouvoir et la responsabilité des médecins ? Mais revenons à notre sujet. S'agissant du suicide, tout est plus simple, puisque ni le droit ni les médecins n'ont rien à y voir. Il ne concerne que moi, et nul ne saurait, sans ridicule ou abus de pouvoir, prétendre – si je suis dans ma raison – me l'interdire. Quelle sanction possible, quand il réussit ? Quelle acceptable, quand il échoue ? Le suicide est un droit d'autant plus absolu qu'il se moque du droit. C'est la liberté minimale et maximale. Arrière, les prêtres ! Arrière, les juges !

Montaigne est ici comme souvent le meilleur maître, jusque dans ses hésitations. Quelle folie ce serait que de s'enfermer dans une doctrine de la mort ! Mais ce sur quoi il n'a pas varié (et qui montrait en ce temps-là, soit dit en passant, une belle indépendance d'esprit, et pas mal de courage...), c'est sur la revendication, ou plutôt – car la revendication n'est guère dans sa manière − sur l'affirmation tranquille d'un droit au suicide. Il cite Épicure : « S'il est mauvais de vivre en nécessité, au moins de vivre en nécessité il n'est aucune nécessité. Nul n'est mal longtemps qu'à sa faute... » Par quoi chacun est responsable de soi et, même sans l'avoir voulue, de sa propre existence. Nul ne choisit de naître ; mais nul ne vit sans le vouloir. C'est « qu'au pis aller, comme dit Montaigne dans un autre essai, la mort peut mettre fin quand il nous plaira, et couper broche à tous autres inconvénients ». Quelle langue savoureuse, et quelle pensée de même ! Mais les plus longs développements, et les plus beaux, qu'il consacre au suicide, c'est dans le troisième essai du livre II qu'on les trouvera. J'aime que Montaigne y soit si libre, si mesuré, si serein. « Le sage vit tant qu'il doit, écrit-il après les Anciens, non pas tant qu'il peut : le présent que nature nous ait fait le plus favorable, et qui nous ôte tout moyen de nous plaindre de notre condition, c'est de nous avoir laissé la clef des champs. » Et de continuer, très proche encore d'Épicure comme des stoïciens : « Nous pouvons avoir faute de terre pour y vivre, mais de terre pour y mourir nous n'en pouvons avoir faute... Si tu vis en peine, ta lâcheté en est cause ; à mourir il ne reste que le vouloir. » Non, du tout, que le suicide s'impose absolument ni, encore moins, qu'il vaille par lui-même. C'est la vie qui vaut, et elle seule. Encore faut-il que l'on puisse vivre, et dans des conditions humainement supportables – ce dont nul n'est maître, sinon par le mourir. « La vie, remarque Montaigne, dépend de la volonté d'autrui ; la mort, de la nôtre. » C'est la part inaliénable de notre souveraineté. Comme la mort transforme la vie en destin, la possibilité du suicide transforme le destin en liberté.

Le suicide est-il alors une panacée ? En un sens, oui, puisque « la mort, continue Montaigne, est la recette à tous maux ». Ce n'est pas une raison pourtant pour en abuser, ni pour le recommander à quiconque. Si remède il y a, il est trop extrême pour qu'on n'en mesure pas chichement les indications – et c'est évidemment une prescription que nul ne peut faire que pour soi. « Aux plus fortes maladies les plus forts remèdes », écrit bien Montaigne ; mais, ajouterai-je, à celles-là seulement. Il serait disproportionné d'appliquer un traitement si lourd, si définitif, au moindre bobo du corps ou de l'âme. Autant s'amputer du bras, parce qu'on s'est cassé un ongle... Quant à moi, je ne suis guère pressé de mourir, et préférerais, à tout prendre, n'avoir pas besoin d'y prêter la main. Ce genre de décision pèse, et je rêve d'une fin plus légère ou plus insoucieuse. S'il m'est arrivé de rêver au suicide, parfois, rarement, c'était devant telle menace précise, tel handicap qui semblait s'annoncer, telle horreur que je ne me sentais pas capable de supporter. Mais la santé m'a toujours paru plus souhaitable, et suffisante quand elle est bonne. C'est faire beaucoup de crédit à la mort, me semble-t-il, que de la vouloir ; l'accepter suffit, et vaut mieux. Je la souhaite bien sûr indolore, comme nous tous, mais également imprévue, involontaire, inconsciente, même, s'il se peut. Cela manque de grandeur ? Soit. Mais la grandeur m'importe moins, en ce dernier instant, que le repos. Voir la mort en face ? A quoi bon, s'il n'y a rien à voir ? Se savoir mortel, oui. Mais se vivre mourant, est-ce bien nécessaire ? Que toute une vie puisse se juger à son terme, c'est ce que je n'ai jamais cru. Pourquoi mettre le vieillard plus haut que l'homme jeune, l'agonisant plus haut que l'homme sain ? Une mort héroïque ? Je laisse cela aux héros. Une mort simple et douce, une mort imprémeditée et fortuite, comme dit Montaigne à propos d'autre chose, me conviendrait davantage. Mais qui choisit ? Et à quoi bon programmer ? Je crois assez, en ces matières, aux vertus de l'improvisation. Cela nous ramène au suicide. Le ruminer sans cesse me paraît bien romantique, et tout aussi exagéré, quoique en sens inverse, que de ne l'envisager jamais. En situation ordinaire, la simple possibilité du suicide, même abstraitement considérée, suffit. A quoi bon les détails, les préparatifs, les discours ? C'est se préoccuper trop de soi ou de sa mort, dirais-je volontiers, que de régler si longtemps à l'avance, comme font certains, et avec quelle solennité, la cérémonie des adieux. Du suicide comme ultime séduction narcissique : « Vous allez voir ce que vous allez voir !... » De cette vanité au moins je suis libéré. La mort viendra quand elle voudra, ou quand je le voudrai. Pourquoi m'accorderais-je moins de liberté qu'elle ne s'en octroie ? Bref, je ne suis ni suicidaire ni suicidolâtre, et compte bien – le moment venu et suicide ou pas – improviser ma mort, comme il faut faire de toute façon.

Mais quelle improvisation sans liberté ? Et quelle liberté sans choix ? Le suicide, la possibilité toujours ouverte du suicide, n'est qu'une des variations possibles de la vie, pour finir, une *coda* parmi d'autres, et, puisqu'il en faut une, point pire que beaucoup et meilleure, peut-être, que la plupart. Surtout, c'est un horizon de liberté qui lui au moins reste ouvert, sauf handicap très lourd, et qui doit le rester (ce qui peut supposer parfois une assistance des proches ou du corps médical). Les sociologues nous apprennent que le taux de suicide s'accroît avec l'âge. Cela confirme mon point de vue : ce n'est pas la vie que l'on refuse, c'est la vieillesse, c'est la solitude, c'est l'esclavage de la maladie ou de la misère, les souffrances du handicap ou de l'agonie... La mort est trop longue, souvent, si la vie est trop brève. Quand on ne désire plus, ou quand on ne peut plus prolonger valablement celle-ci, il est légitime d'abréger celle-là.

Quant à ceux qui ne supportent pas la vie, ou

qui ne se supportent pas eux-mêmes, qui se suici-
dent – très jeunes parfois – pour éviter non tel ou
tel malheur de l'existence mais le malheur même
d'exister, j'avoue avoir du mal à les comprendre,
et suspecter quelque blessure narcissique ou névrotique dont ils ne savent guérir. « C'est une maladie
particulière, disait Montaigne à propos d'eux, que
de se haïr et dédaigner», comme c'en est une que
de vouloir « être autre chose que ce que nous
sommes », et sans doute c'est la même. Que
demandent-ils donc à la vie, pour souffrir à ce
point qu'elle les en prive ? Quel deuil impossible les
torture ? Quelle angoisse insurmontable ? Quelle
espérance toujours déçue ? Tiennent-ils tellement à
eux et à leur bonheur – à *leur* bonheur ! –, qu'ils ne
supportent plus une existence qui, pour les autres,
leur paraîtrait acceptable ? Montaigne encore :
« L'opinion qui dédaigne notre vie, elle est ridicule. Car enfin c'est notre être, c'est notre tout.
(...) C'est contre nature que nous nous méprisons
et mettons nous-mêmes à nonchaloir. » Qui peut
savoir, pourtant ? De sa souffrance chacun est juge,
et lui seul. La vie n'a ni raison ni tort ; chacun en
jouit à sa guise ou la supporte comme il peut. Que
le désespoir, sans les abolir, puisse protéger contre
l'angoisse ou la mélancolie, c'est une expérience
que j'ai cru faire et qui ressemble à une philosophie. « L'espérance, me disait un psychanalyste,
est la principale cause de suicide. » C'est qu'on ne

se tue, presque toujours, que par déception. De là cette sagesse du désespoir, que j'ai essayé de penser, qui n'est pas autre chose peut-être que le travail du deuil, comme dirait Freud, accompli jusqu'au bout. Il m'arrive à présent de penser que ce n'était qu'une défense comme une autre, qui revient à opposer la mélancolie, peut-être bien, à l'angoisse, à les équilibrer en quelque sorte l'une par l'autre, à compenser celle-ci, qui dévore, par celle-là, qui apaise. Pourquoi non? Chacun se débrouille comme il peut, et à l'aveugle le plus souvent. Qu'il faille se libérer de l'espoir et de la crainte, comme dit Spinoza, c'est pourtant ce que je crois toujours. Simplement je suis moins dupe de mes raisons, ou plus conscient de leurs limites. Que certains préfèrent l'espérance de la mort à l'amour désespéré de la vie, c'est une autre expérience, tout aussi effective, tout aussi respectable, et qui ne prouve pas davantage. Aux uns le courage suffit; aux autres, il est tout ce qui reste quand il ne suffit plus... Que dire? Et pourquoi dire? Silence et respect valent mieux. D'ailleurs, quand bien même tel suicide serait pathologique, comme c'est souvent le cas, il réussit au moins en cela qu'il libère le malade de la souffrance − bien réelle, même si elle est imaginaire − qui le torture. Le suicidé meurt guéri, et cette idée au moins est douce.

Paix aux suicidaires sur la terre comme au ciel!

Le deuil

On pense d'abord à la mort, parce que tel est, sinon l'origine du mot, du moins son champ sémantique ordinaire. Être en deuil, c'est être en souffrance – et quelle pire souffrance que la perte d'un être cher ?

Mais le mot est susceptible d'une extension plus grande. Il y a deuil à chaque fois qu'il y a perte, refus, frustration. Il y a donc deuil toujours : non qu'aucun de nos désirs ne soit jamais satisfait, nous ne sommes pas malheureux à ce point, mais parce qu'ils ne sauraient jamais l'être tous ni définitivement. Le deuil est cette frange d'insatisfaction ou d'horreur, selon les cas, par quoi le réel nous blesse et nous tient, d'autant plus fortement que nous tenons davantage à lui. C'est le contraire du principe de plaisir, ou plutôt ce par quoi, ce contre quoi il échoue. Le deuil est l'affront que fait au désir le réel, et qui marque sa suprématie. Principe de réalité ? Non pas. Car celui-ci n'est qu'une modification du précédent (il s'agit de jouir *malgré tout*), quand le deuil est son échec − sa fin de non-recevoir. Ce pourquoi le deuil est du côté de la mort, d'abord et longtemps : la mort n'est que l'échec ultime, qui efface tous les autres (c'est l'échec sans deuil, ou qui en laisse aux autres le soin ou le travail) ; le deuil est comme une mort anticipée, comme un échec d'autant plus doulou-reux qu'il n'est pas − qu'il ne peut pas être − le dernier. Être en deuil, c'est être en souffrance, au double sens du mot, comme douleur et comme attente : le deuil est une souffrance qui attend sa conclusion, et c'est pourquoi toute vie est deuil, toujours, puisque toute vie est douleur, comme disait le Bouddha, et quête du repos...

Le deuil marque donc l'échec du narcissisme (« sa majesté le moi » perd son trône : le moi est nu) et, par là, l'entrée dans la vraie vie. Comment se savoir vivant sans se savoir mortel ? Le deuil est cet apprentissage : l'homme est un écolier ; la dou-leur et la mort sont ses maîtres... Point seuls, certes ; le plaisir et la joie nous en apprennent aussi, et davantage peut-être. Mais sans la mort, que saurions-nous d'eux, qui ne fût partiel ou illu-soire ? La mort n'est pas une discipline parmi d'au-tres, une vérité parmi d'autres ; elle est l'horizon de toutes, et, pour l'homme, le destin même de la pensée. Du moins pour qui en accepte les leçons. On peut aussi faire comme si de rien n'était, dénier la souffrance et le néant, penser à autre chose... Ce n'est pas affaire que de lucidité. La vie parfois autorise cette avancée tranquille : c'est comme un chemin de roses, et qui s'arrêterait pour quelques épines ? Pour certains, je ne suis pas sûr qu'il faille les envier, le deuil est comme une langue étrangère, qu'ils n'ont pas eu besoin d'apprendre. Ce sont les puceaux de la mort, et il faut voir avec quelle naïveté charmante ils viennent nous dire que la vie est belle, et douce, et merveilleuse... Les puceaux ont bien le droit de parler d'amour, et au fond ce qu'ils disent est vrai aussi. Mais il ne faut pas non plus nous en vouloir si nous avons parfois du mal à les prendre tout à fait au sérieux. Une fois que la mort a passé, ce n'est plus pareil : rien n'a changé, et plus rien pourtant n'est comme avant. C'est l'entrée dans l'âge adulte, si l'on veut, quoique les adultes fassent tout, le plus souvent, pour l'oublier. Disons que c'est l'accès à l'humanité véritable : le deuil marque que nous ne sommes pas Dieu, et de quel prix il faut le payer. Les Anciens ne s'y trompaient pas ; être homme c'est être mortel, et amant de mortels. Le deuil est le propre de l'homme.

C'est toujours la « cité sans murailles » d'Épicure. Vivre est une ville ouverte, et cette ouverture − la mort, l'amour − est l'unique demeure. Mortel : ouvert dans l'ouvert, passant dans le passage. A tous risques. Aux quatre vents du destin. La mort entre dans la vie comme dans un moulin. Elle s'y sent chez soi, et d'ailleurs elle a raison ; la vie habite la mort (la matière ne vit pas, l'univers ne vit pas : l'infiniment petit et l'infiniment grand sont du côté de la mort, dont la vie n'occupe, et partiellement, et provisoirement, que l'entre-deux), la mort est son lieu, son matériau, son destin. Tant pis pour nous si nous l'oublions, si la mort se charge soudain de nous le rappeler. Le deuil est cette blessure, par quoi la vie s'éprouve mortelle : prisonnière du réel, et son hôte, mais point à perpétuité...

On pense à Pascal, à ces prisonniers qui se voient égorgés les uns après les autres, où il trouvait « l'image de la condition des hommes ». Voltaire, lisant les *Pensées*, objecte que « le sort naturel d'un homme n'est ni d'être enchaîné ni d'être égorgé », et certes il a raison. Mais qu'est-ce que cela change à la vérité de l'image ? « Tous les hommes sont faits, ajoute Voltaire, comme les animaux et les plantes, pour croître, pour vivre un certain temps, pour produire leur semblable et pour mourir. » Tous faits pour le deuil, donc, et Pascal ne disait pas autre chose. Encore la mort n'est-elle pas seulement le terme, comme s'il fallait vivre d'abord (et croître, et enfanter...), puis mourir. Non : vivre et mourir vont ensemble, du même pas. L'enfant meurt dans l'adulte, et chaque jour passé dans chaque jour présent. C'est la loi du devenir, et c'est une loi de deuil. Être, c'est disparaître : l'instant s'abolit en même temps qu'il advient, et ce deuil de tout c'est le temps, et c'est notre vie, et c'est notre mort. La vie, disait Montaigne, n'est « qu'une éloise [un éclair] dans le cours infini d'une nuit éternelle, (...) la mort occupant tout le devant et tout le derrière de ce moment, et une bonne partie encore de ce moment ». Après avoir cité Lucrèce (« Aucune chose ne demeure semblable à elle-même : tout passe, tout change, tout se transforme... »), Montaigne ajoute ce commentaire : « Et puis nous autres sottement craignons une espèce de mort, là où nous en avons déjà passé et en passons tant d'autres... La fleur d'âge se meurt et passe quand la vieillesse survient, et la jeunesse se termine en fleur d'âge d'homme fait, l'enfance en la jeunesse, et le premier âge meurt en l'enfance, et le jour d'hier meurt en celui du jourd'hui, et le jourd'hui mourra en celui de demain ; et n'y a rien qui demeure ni qui soit toujours un... » Le temps s'en va, ou plutôt l'être s'en va, et c'est le temps même. Le temps est le deuil de l'être.

Montaigne n'est ni Pascal, pourtant, ni Voltaire. « Pour moi, j'aime la vie », disait-il comme le second. Cela ne l'empêchait pas, comme le premier, de penser toujours à la mort... Il n'y a là

aucune contradiction, bien au contraire : la pensée
de la mort rend la vie plus précieuse, par la rareté ;
l'amour de la vie rend la mort plus présente, par
l'urgence. Montaigne, trop lucide pour oublier la
mort, était trop sage pour lui sacrifier la vie. Eût-il
pu le lire, qu'il n'eût pas été dupe de Pascal, ni de
son idée de derrière. Pourquoi tant dénigrer la vie,
si ce n'est pour nous en faire désirer une autre ?
Pascal veut nous effrayer parce qu'il veut nous rassurer : un petit prêtre sommeille dans ce génie
immense. Mais enfin Voltaire est plaisant, à ne pas
vouloir le comprendre ! L'un nous dit : « On va
tous crever ! » Et l'autre lui répond : « Tout de
même, vous exagérez... » Non, il n'exagère pas.
Seulement il est incapable de faire son deuil, et
c'est où l'on atteint l'essentiel.

« Nous ne savons renoncer à rien », disait Freud.
C'est pourquoi le deuil est souffrance et travail. Il
y a souffrance, non à chaque fois qu'il y a manque,
mais à chaque fois que le manque n'est pas
accepté. Le monde nous dit *non* – et nous disons *non*
à ce refus. Cette négation de la négation, loin
d'aboutir à je ne sais quelle positivité, nous
enferme dans la douleur ou la frustration. Nous
sommes malheureux parce que nous souffrons, et
nous souffrons encore plus d'être malheureux. De
là ces larmes, ce sentiment de révolte ou d'horreur.

« *C'est pas juste* », dit le petit enfant – et de fait cela ne l'est pas. Simplement le bonheur ne l'est pas davantage, et ne s'en soucie point.

Là encore la mort offre le modèle le plus net, le plus atrocement net. Pour qui a perdu ce qu'il aimait le plus au monde – son enfant, sa mère, l'homme ou la femme de sa vie... –, la blessure est à la lettre insupportable, non en ce qu'elle nous tue (quoiqu'elle tue parfois), mais en ceci qu'elle rend la vie elle-même atrocement douloureuse, en son fond, au point que l'horreur occupe tout l'espace psychique disponible, rendant la joie (et même, les premiers temps, le repos) comme à jamais impossible. A jamais ? C'est du moins le sentiment que l'on a d'abord, et que la vie détrompe, bien sûr, que la vie heureusement détrompe. Le *travail du deuil*, comme dit Freud, est ce processus psychique par quoi la réalité l'emporte, et il faut qu'elle l'emporte, nous apprenant à vivre malgré tout, à jouir malgré tout, à aimer malgré tout : c'est le retour au principe de réalité, et le triomphe par là – d'abord modeste ! – du principe de plaisir. La vie l'emporte, la joie l'emporte, et c'est ce qui distingue le deuil de la mélancolie. Dans un cas, explique Freud, le sujet accepte le verdict du réel – « l'objet n'existe plus » –, et apprend à aimer ailleurs, à désirer ailleurs. Dans l'autre, il s'identifie avec cela même qu'il a perdu (il y a si longtemps, et il était si petit !), et s'enferme vivant dans le néant qui le hante. « *Si je meurs,* se lamente-t-il avec Nerval, *c'est que tout va mourir... Abîme! abîme! abîme! Le dieu manque à l'autel où je suis la victime...*» Incapable de faire son deuil — « *Je suis le Ténébreux, le Veuf, l'Inconsolé...* » —, le mélancolique reste prisonnier du narcissisme et de la carence inévitable de son objet : « *Ma seule étoile est morte, et mon luth constellé porte le soleil noir de la mélancolie...* » Mais qui échappe au narcissisme ? Qui échappe au deuil ? C'est en quoi le mélancolique nous ressemble, c'est en quoi il nous en apprend long sur nous-mêmes, et plus que bien des optimistes de doctrine ou de tempérament.

C'est ce que je retiens, dans « Deuil et mélancolie », de l'une des pages de Freud que je relis le plus volontiers, et qu'on me pardonnera de citer un peu longuement. Dans plusieurs de ses plaintes contre lui-même, observe Freud, le mélancolique nous semble « avoir raison, et ne faire que saisir la vérité avec plus d'acuité que d'autres personnes qui ne sont pas mélancoliques. Lorsque, dans son autocritique exacerbée, il se décrit comme mesquin, égoïste, insincère, incapable d'indépendance, comme un homme dont tous les efforts ne tendaient qu'à cacher les faiblesses de sa nature, il pourrait bien, selon nous, s'être passablement approché de la connaissance de soi, et la seule question que nous nous posions, c'est de savoir pourquoi l'on doit commencer par tomber malade

pour avoir accès à une telle vérité». Le mélancolique est malade de la vérité, quand beaucoup de
normausés moyens, comme dit un de mes amis psychiatres, ne vivent que de sa dénégation... C'est
que la vérité est pour lui une blessure narcissique,
comme elle est presque toujours, et l'on ne peut en
sortir que par l'illusion (la santé?) ou la fin du narcissisme (la sagesse). Le mélancolique est incapable
et de l'une et de l'autre. Il ne sait ni se duper ni se
déprendre : incapable de faire son deuil de soi, il
ne cesse de souffrir sa propre mort, de son vivant,
et le monde entier en est comme vidé ou éteint...
La solution serait de *tuer le mort,* comme disent les
psychanalystes, c'est-à-dire (puisqu'il s'agit de soi)
de s'accepter mortel, et de vivre... Mais le mélancolique est inapte au deuil. C'est en quoi il est
notre frère à tous − «nous ne savons renoncer à
rien» −, et, du fond de sa souffrance, indique à
chacun le chemin : deuil *ou* mélancolie !

Quelque chose s'inverse ici ; le deuil (l'acceptation de la mort) bascule du côté de la vie, quand la
mélancolie nous enferme dans la mort même
qu'elle refuse.

Cela vaut d'abord pour notre propre mort :
c'est seulement une fois qu'on a fait son deuil de soi
qu'on peut cesser − sans dénégation ni divertissement − de penser toujours au néant, et échapper

ainsi à la mélancolie. Telle est du moins, me semble-t-il, la sagesse de Montaigne. Après avoir rappelé « que philosopher c'est apprendre à mourir » (puisque qui craint la mort craint nécessairement la vie), après avoir condamné par là, bien avant Pascal, le divertissement (« Ils vont, ils viennent, ils trottent, ils dansent : de mort, nulles nouvelles »), l'auteur des *Essais* n'en conclut pas moins, c'est une des phrases qui lui ressemble le mieux, l'une des plus belles peut-être qu'on ait jamais écrite, sur un choix résolu de la vie, qui inclut une acceptation sereine de la mort : « Je veux qu'on agisse et qu'on allonge les offices de la vie tant qu'on peut ; et que la mort me trouve plantant mes choux, mais nonchalant d'elle, et plus encore de mon jardin imparfait. »

On ne confondra pas cette *nonchalance* avec le *divertissement* : le divertissement tend à l'oubli ou à la forclusion de la mort, quand la nonchalance suppose au contraire son acceptation. On jouit d'autant mieux de la vie qu'on accepte davantage qu'elle doive finir. Comment autrement ? Puisque la vie est mortelle, on ne peut l'aimer toute qu'en acceptant la mort qu'elle contient, ou qui la contient, et qu'elle suppose. Le deuil et la jouissance vont ensemble, plutôt le deuil est la condition nécessaire de la jouissance, et c'est ce que chacun – sauf mélancolie ou deuil pathologique – vérifie tôt ou tard. Autant le deuil est du côté de la mort, comme événement, autant il est du côté de la vie, comme processus. Il s'agit que la joie redevienne au moins possible ; le travail du deuil est ce qui le permet.

Cela vaut aussi, et *a fortiori*, pour la mort des autres. Montaigne, pour surmonter la mort de La Boétie, eut besoin d'écrire les *Essais*, pas moins. C'est dire qu'il n'y a pas de recette, et que chacun, face à l'horreur, se débrouille comme il peut. Mais c'est dire aussi qu'on peut surmonter sans oublier – accepter sans trahir.

Le réel nous a dit *non*, et l'on peut certes refuser ce *non*, voire en dénier la réalité. C'est la voie de la souffrance ou de la folie : Narcisse s'enferme dans sa blessure... Guérir (car si le deuil n'est pas une maladie, son issue ressemble fort à une guérison), c'est au contraire accepter cette perte : le deuil est fait, s'il peut jamais l'être totalement, quand on peut dire *oui* à tout (c'est en quoi le deuil achevé est la formule même de la sagesse), et *oui* notamment à ce *non* qui, il y a quelques mois ou années, nous déchirait l'âme.

Mais comment y parvenir, demandera-t-on, si « nous ne savons renoncer à rien » ? Freud, juste après cette observation, ajoute : « Nous ne savons qu'échanger une chose contre une autre. » C'est donner le remède en même temps que le diagnostic. Il ne s'agit pas de ne plus aimer, ni d'aimer moins, mais d'aimer autre chose, et mieux : le monde plutôt que soi, les vivants plutôt que les morts, ce qui a eu lieu plutôt que l'avenir qui fait défaut... C'est le seul salut ; tout le reste nous enferme dans l'angoisse ou l'horreur. Car tout est éternel sans doute (cet être qui n'est plus, et tout ce que nous avons vécu ensemble : éternellement cela restera vrai) ; mais rien n'est définitif que la mort. Aussi faut-il aimer en pure perte, toujours, et cette très pure perte de l'amour, c'est le deuil lui-même et l'unique victoire. Vouloir garder, c'est déjà perdre ; la mort ne nous prendra que ce que nous avons voulu posséder.

J'écris cela en tremblant, me sachant incapable d'une telle sagesse, mais convaincu pourtant (ou à cause de cela) qu'il n'y en a pas d'autre, si tant est qu'il y en ait une, et que tel est à peu près le chemin sur lequel, ou vers lequel, et difficilement toujours, il nous faut avancer... Montaigne a tout dit en une phrase peut-être : « Tout contentement des mortels est mortel. » Et aussi bien pourrais-je citer Épicure, Lucrèce, les stoïciens ou Spinoza... Celui-là, on s'en souvient, affirmait ne penser à rien moins qu'à la mort, et que la sagesse est « une méditation non de la mort mais de la vie ». Sur ce dernier point, il avait évidemment raison ; mais penser la vie dans sa vérité c'est la savoir finie (nous ne sommes pas Dieu), et cela ne va pas sans quelque acceptation de la mort. Car la vérité ne meurt pas, c'est entendu, mais il n'en est pas moins vrai que nous mourrons... On m'a rapporté que Jankélévitch, c'était peut-être lors d'un cours sur Spinoza, dit un jour à ses étudiants, se montrant lui-même, la main sur la poitrine : «Je vous présente cette chose étonnante : une vérité éternelle qui va mourir!» C'est notre lot à tous; c'est en quoi le deuil est notre destin et la figure pour nous de l'éternité. Je n'en connais pas d'autre. Seule la mort est immortelle, comme dit à peu près Lucrèce, et c'est ce qui définit le matérialisme. La vie n'est éternelle que tant qu'elle dure.

On se souvient du mot de l'humoriste : «La vie est une maladie héréditaire, sexuellement transmissible, et mortelle.» Les vivants sont un groupe à risque, comme on dit aujourd'hui, et le seul, et ce risque n'en est pas un : mourir, pour chacun, est l'unique certitude. Il faut donc s'aimer mortel ou ne s'aimer pas, et cela vaut aussi pour l'amour que nous portons à autrui. Tout amour des mortels est mortel, comme toute haine. Miséricorde à tous! Compassion à tous! C'est ce que le deuil nous enseigne, difficilement, douloureusement, et par quoi il nous apprend quelque chose sur nous-mêmes et sur la vie. Quoi? Peut-être ceci, qu'écrivit Melanie Klein :

« Lorsque la haine est ressentie pleinement et que le désespoir est à son comble, l'amour de l'objet se fait jour, et la personne en deuil se met à sentir de plus en plus profondément que la vie intérieure et extérieure est appelée à continuer malgré tout, et qu'elle peut conserver en soi l'objet aimé et perdu. A ce stade du deuil, la souffrance peut devenir productive. Nous savons que les expériences douloureuses, quelles qu'elles soient, stimulent quelquefois les sublimations, ou font même apparaître des aptitudes tout à fait nouvelles chez certaines personnes : celles-ci se mettent alors à peindre, ou à écrire, sous la pression des épreuves et des frustrations. D'autres deviennent plus productives d'une façon différente, capables de mieux apprécier les gens et les choses, plus tolérantes dans leur rapport aux autres : elles deviennent plus sages... »

Sagesse de mortels : sagesse du deuil.

Il y a deuil, disais-je, dès qu'il y a perte. Mais perte de quoi ? Les psychanalystes répondent un peu vite : de la mère, du sein, du bon objet... Ce serait là le deuil premier, dont tous les autres ne seraient que la reviviscence. Peut-être. Mais il se pourrait aussi, et l'un n'empêche pas l'autre, que « ce qui est perdu ne soit pas objet mais sujet », comme dit François George, que ce soit « l'essence même de notre être, cette maille qui file ». De notre être ou du temps, et cela sans doute revient au même : « Du fait de notre condition temporelle, continue François George, nous portons une blessure par où notre sang ne cesse de couler, aussi bien que notre cœur ne cesse de battre. A peine la charge d'exister m'est-elle donnée, je m'éloigne d'une coïncidence avec moi-même qui n'a jamais eu lieu et vais le grand train vers ma ruine. Le temps, "maladie chronique", maladie congénitale et incurable, constitue notre vie en perte d'être... » Par quoi *le métier de vivre*, comme disait Pavese, n'est pas autre chose que *le travail du deuil*, comme disait Freud, et c'est ce que François George résume en une phrase, que je me répète bien souvent : « *Vivre, c'est perdre.* »

Songeant à cette phrase, il y a quelques jours, je repensai aussi à une autre, qui m'avait vivement impressionné dans mon adolescence, et qui semble la contredire. Dans *Jean Barois*, si mes souvenirs sont exacts, ou bien peut-être dans *Les Thibault*, je ne sais plus, l'un des personnages de Roger Martin du Gard énonce cette forte définition : « *La vie est une victoire qui dure.* » Au fond, ce que je crois avoir compris, et qui me paraît l'essentiel de ce que le deuil et la vie (la vie, donc le deuil) peuvent nous apprendre, c'est que ces deux phrases, loin de se contredire, vont ensemble : que vivre c'est perdre, puisqu'on ne peut posséder ni garder − et que c'est vaincre, puisque vivre suffit.

Courage, les survivants !

Le nihilisme et son contraire

« LE doute me ronge. Et si tout n'était qu'illusion ?
Si rien n'existait ? Dans ce cas, j'aurais payé ma
moquette beaucoup trop cher. » Cette boutade de
Woody Allen dit peut-être, sur le nihilisme, l'essentiel : qu'il constitue une pensée impossible, quant à
l'être, et que ne justifie qu'une interrogation sur la
valeur. Essayons d'expliquer cela à peu près.

Le nihilisme, à le prendre au mot, est une pensée
impossible. S'il n'y avait rien *(nihil),* il n'y aurait
rien à en dire, et personne pour être nihiliste. On
n'échappe pas à Parménide, ou jamais totalement.
Cela seul est à penser, qui est. Une philosophie du
néant, rigoureuse, serait un néant de philosophie :
de rien, rien n'est vrai. Le nihilisme s'autoréfute
dès qu'il s'énonce.

Philosophie du silence? Pas même, et surtout pas. Le silence laisse le réel inentamé (que rien ne soit dit n'empêche pas que tout soit là), quand le nihilisme suppose au contraire qu'on prenne le langage – faute de mieux? – au sérieux. Le néant n'est qu'un mot, non certes sans signification, mais sans objet. Le silence l'abolit ; c'est en quoi il abolit aussi le nihilisme. Les silencieux le savent bien. Les nihilistes le savent bien, quand ils sont lucides. Pourquoi seraient-ils autrement si bavards? Le néant n'existe qu'autant qu'on en parle. Pour qui se tait, il n'y a plus que le réel : il n'y a plus que tout. *Exit* le nihilisme.

Exit du moins ce nihilisme-là, qui n'est qu'un discours sans cohérence ni profondeur, qui ne se nourrit que de sa propre vanité. Philosophie de bavards, quand ils n'ont plus rien à dire – rien, que ce *rien* même. Ils croient que le monde en meurt, quand ce sont eux qui en crèvent. Le réel reste le réel, et, même inconnu, suffit à invalider tout nihilisme qui se voudrait absolu. Il faut qu'il n'y ait pas rien pour que le nihilisme soit possible. Mais alors : à quoi bon être nihiliste?

C'est que d'autres nihilismes sont pensables, qui vont nier non l'être mais sa valeur. Valeur ontologique pour les uns (l'essence), existentielle ou pratique pour les autres (le sens, la morale). De là deux nihilismes différents, qui peuvent parfois se rejoindre, mais qui n'en restent pas moins indépendants, en droit, l'un de l'autre.

Qu'il n'y ait pas rien, c'est ce que la pensée suffit à attester. *Cogito, ergo est,* disait Nietzsche corrigeant Descartes : «Je pense, donc ça est.» Mais cet être n'est que le contraire du néant : c'est le non-rien. Cela ne signifie pas qu'il ait les caractères traditionnellement attribués — au moins depuis Parménide et Platon — à l'être : l'unité, l'identité à soi, la permanence, l'absoluité... L'essence, en un mot : non le simple fait d'être (l'existence), mais cela qu'on est (un être, et cet être-ci). Or, qu'en sait-on ? Qu'il n'y ait pas rien, c'est entendu ; mais cela, qui nous sépare du néant, rien ne prouve que ce soit un *être* (qu'il soit un, identique à soi, doué d'un minimum de permanence, de consistance, d'objectivité, d'absoluité...). Il se pourrait qu'il n'y ait rien qui *soit,* comme dit Montaigne — que tout, simplement, advienne et meure. Pas d'être : le devenir. Pas de néant : l'apparence. De là un autre nihilisme, non plus absolu mais relatif, qui n'est que le refus, poussé jusqu'au bout, de toute ontologie. Rien n'est : tout devient. Rien ne demeure : tout paraît et disparaît. Le néant ? Ce serait trop dire, ou trop peu. S'il n'y avait absolument rien, nous ne serions pas là pour en prendre conscience. Mais pas d'essences, pas de substances, pas d'étants qui réellement soient. Non pas rien, donc, mais aucun être : *ne hilum,* pas le plus petit morceau d'être pour résister à l'universalité du devenir et du paraître. Philosophie de l'impermanence, de la vacuité, du jeu sans fin et sans fond des apparences... Philosophie extrême, mais cohérente celle-là, ou qui peut l'être. Elle n'a cessé, depuis Héraclite, Pyrrhon ou le Bouddha (et aujourd'hui jusqu'à Lévi-Strauss ou Marcel Conche) d'accompagner, pour les adoucir, nos frayeurs, nos douleurs, nos fatigues. Si tout passe, à quoi bon l'angoisse ou la colère ? S'il n'y a que l'apparence, à quoi bon faire semblant ?

Ce n'est pourtant pas en ce sens qu'on parle ordinairement du nihilisme. Le nihiliste, dans le langage courant, c'est plutôt celui qui ne croit à rien, qui ne respecte rien, qui ne s'impose ni ne s'interdit rien. Nihilisme pratique, plutôt qu'ontologique : négation, non de l'essence, mais de la valeur. Que l'être soit ou qu'il ne soit pas, qu'importe, puisque cela, qui est, est sans valeur ! Philosophie du tout se vaut (puisque rien ne vaut), de l'à quoi-bon, de l'inanité de tout, du renoncement, de l'abandon... Paul Bourget, à qui Nietzsche emprunta le mot, le définissait comme « une mortelle fatigue de vivre, une morne perception de la vanité de tout effort... » Philosophie pour notre temps, dit-on, ou qui le tente (c'est ce que mon ami Roland Jaccard appelle « la tentation nihi-

liste»), et cela sans doute n'est pas faux. Mais
faut-il s'y résigner ?

On connaît le diagnostic nietzschéen. Le nihilisme résulte directement de la mort de Dieu, et
donc, indirectement, de la religion. Après avoir
vidé le monde de toute valeur, après l'avoir dépré-
cié au bénéfice des arrière-mondes métaphysiques
ou moraux (l'Être, le Bien, l'Absolu...), après avoir
concentré en Dieu toute plénitude et toute signification, l'humanité, incapable de croire plus longtemps à ces fantômes qu'elle a créés, ne trouve plus
devant elle que ce monde dévalué, que ce monde
vide et vain, hors d'état de répondre à nos espérances ou d'offrir un but à nos actions. Nietzsche
s'en explique dans *La volonté de puissance* : « Que
signifie le nihilisme ? Que les valeurs supérieures se
déprécient. Les fins manquent. Il n'est pas de
réponse à cette question : "A quoi bon ?" » La
chose était sans doute inévitable. Dès lors qu'on
met les valeurs morales plus haut que le monde, le
monde ne peut paraître qu'immoral. Dès lors
qu'on met ses espérances plus haut que le réel, le
réel ne peut paraître que décevant. C'est en quoi,
comme Camus, commentant Nietzsche, l'avait vu,
« le nihiliste n'est pas celui qui ne croit à rien, mais
celui qui ne croit pas à ce qui est ». Plutôt : c'est
parce qu'il ne croit pas à ce qui est (idéalisme,
romantisme, religion...), qu'il finit pas ne plus
croire à rien (nihilisme). Le monde est à prendre

ou à laisser. Tant qu'on préfère quelque chose au réel, on va vers le nihilisme. Tant qu'on préfère quelque chose à tout, on préfère le néant.

De là ce monde vide, et terne, et morne, ce monde insignifiant, ce monde *absurde*, le grand mot est lâché, et le XXᵉ siècle absurdement s'y mire. Théâtre de l'absurde (Ionesco, Beckett...), romans de l'absurde (on pense à *L'étranger* de Camus, bien sûr, mais *La nausée* elle-même, chez Jean-Paul Sartre, n'est pas autre chose, quand elle s'explicite, que l'expérience de «l'absurdité fondamentale» de tout existant)... Il semble parfois que la seconde moitié du siècle n'avait plus rien à dire que ce vide du sens, plus rien à dire que ce rien, et qu'elle fût incapable pourtant de se résigner au silence. Certains en ont fait une théorie, qui vouait la littérature au néant. Le diagnostic me paraît discutable.

Notons d'abord qu'à cette littérature du rien, et malgré Mallarmé («c'est le rien qui est la vérité»), les poètes du siècle, du moins les plus grands, ont plutôt résisté. Ni Éluard, ni Char, ni Saint-John-Perse n'ont célébré l'absurde ou le néant, et j'y vois une indication importante. Le poète chante le monde, sa perfection, même tragique, son absolue présence, même injustifiée. Il dit la vie, la souffrance, l'amour, la solitude... Mais c'est toujours le Dit du réel. «La lucidité est la blessure la plus rapprochée du soleil», écrit Char, et même la nuit est merveille. Comme il faudrait être malheureux ou lâche, et bien peu poète, pour préférer l'absence vague et vaine !

Même pour les prosateurs, d'ailleurs, il faudrait y regarder de plus près. Ce serait un contresens que de faire de Sartre ou Camus des nihilistes. Le néant de l'un, ce n'est pas le monde, c'est la conscience, c'est la liberté, et elle est plutôt créatrice de valeurs. Quant à l'absurde de l'autre, il naît moins du monde même que de notre confrontation à lui : le monde ne nous paraît absurde que parce qu'il ne répond pas à nos questions – mais ce sont *nos* questions, et c'est l'homme alors qui est absurde. Où l'on retrouve Woody Allen : « La réponse est oui ; mais quelle peut bien être la question ? » Il n'y a pas de question, et c'est pourquoi la réponse est oui (Wittgenstein : « La solution de l'énigme, c'est qu'il n'y a pas d'énigme »). L'univers est la seule réponse à la question qu'il ne se pose pas. Le monde n'est pas une moquette : comment aurait-il un prix ? Il n'est ni cher ni bon marché : réel, simplement. Ni sensé ni absurde : vrai. Offert non à l'interprétation mais à la connaissance, non à la justification mais à l'action – non à l'espérance mais à l'amour. Si vous n'aimez pas le réel, n'en dégoûtez pas les autres.

Le réel a toujours raison, non parce qu'il est bon, doux, humain, mais parce qu'il n'a pas à l'être, parce qu'il ne peut pas l'être. Nous pouvons le transformer, parfois ; mais l'abolir, non. Le réel reste le réel; c'est sa manière à lui d'être vrai. Quelle folie ce serait que de vouloir réfuter le monde! Le nihilisme est cette réfutation, du moins il voudrait l'être, et cette folie, si elle ne suffit pas à le réfuter, le condamne.

« Il vaudrait mieux n'être pas né », n'a cessé – et avec quel talent! – de répéter Cioran. Cela dit l'essentiel. Le nihilisme, en tout cas ce nihilisme-là, prend le parti de la mort contre la vie, du néant contre l'être, de «l'inconvénient d'être né» contre la joie – même fragile, même douloureuse – d'exister et d'agir. C'est pourquoi il nous fascine, c'est pourquoi il nous hante et nous tente. Qui n'a jamais eu envie de renoncer, d'abandonner, de mourir? Philosophie de la mort qui gagne, et elle gagne en effet. Mais qu'est-ce que cela prouve contre la vie? Épicure s'en prenait déjà, dans la *Lettre à Ménécée*, à «celui qui dit que le mieux c'est de "n'être pas né", ou, "si l'on naît, de franchir au plus tôt les portes de l'Hadès" ». Car s'il est convaincu de ce qu'il dit, objectait Épicure, «comment se fait-il qu'il ne quitte pas la vie? Cela est tout à fait en son pouvoir, s'il y est fermement décidé. Mais s'il plaisante, il montre de la frivolité en des choses qui n'en comportent pas». Le nihilisme est une philosophie frivole ou vaine, qui n'est sauvée que par le style, comme on voit chez Cioran, ou par le suicide, comme on ne voit guère. Mais le style ni la mort ne tiennent lieu de pensée.

Philosophie de la fatigue, comme le suggérait Bourget, « *Weltanschaung* de la paresse », comme le reconnaît Jaccard, le nihilisme a encore de beaux jours devant lui. Qui n'est fatigué parfois ? Qui n'est paresseux souvent ? Mais cela ne suffit pas à lui donner raison. Adamov, dont l'œuvre est parfois rattachée (à tort) au théâtre de l'absurde, a trouvé les mots justes : « La vie n'est pas absurde ; elle est seulement difficile, très difficile. » Le contraire du nihilisme, ce n'est pas l'optimisme, ce n'est pas l'enthousiasme, ce n'est pas le fanatisme. Le contraire du nihilisme, c'est l'amour et le courage.

Mozart

J'ai d'abord aimé Schubert, plus proche, plus immédiatement bouleversant. Il faut dire que Schubert, le hasard – un ami, un disque – l'avait placé là, dans ma vie, au bon moment, quand il était nécessaire qu'elle changeât, que quelque chose advienne, ou quelqu'un, et ce fut Schubert... Or il se trouve qu'un soir, ce devait être au Théâtre des Champs-Élysées, j'étais allé écouter le *Quartetto italiano*, alors fort en vogue, qui interprétait (d'ailleurs de façon, me semble-t-il aujourd'hui, peut-être trop mozartienne) des quatuors du pauvre Franz. Virtuosité absolue, splendeur du son, élévation de la pensée... Ce fut le succès que l'on pouvait attendre. Il y eut un *bis*. Un mouvement de quatuor que je ne connaissais pas, qui aurait presque pu passer pour du Schubert, du moins pour mes oreilles d'amateur, mais qui n'en était pas, qui ne pouvait en être (toutes mes journées baignaient alors dans sa musique de chambre : un tel quatuor ne pouvait m'avoir échappé), et qui pourtant le valait, peut-être même le dépassait, oui, avec cette élégance enjouée et frémissante, cette légèreté souveraine, cette émotion, cette grâce, cette lumière... C'était beau comme du Schubert et pourtant différent, un peu moins grave, un peu moins douloureux, un peu moins pathétique, avec je ne sais quoi de plus enlevé, de plus relevé, de plus élevé peut-être... Mais de qui ? Et soudain... Cet air de danse, ce pizzicato, ce thème qui tourne et revient, qui tourne et monte, comme une rengaine sublime... Mon Dieu ! Mozart ! Et ce fut comme s'il pénétrait dans la salle, en personne ; et les larmes aux yeux en montaient, pas des larmes de tristesse, pas du tout, des larmes plutôt de gratitude, d'admiration, oui, de reconnaissance admirative et bouleversée... C'était il y a vingt ans, à peu près, il s'agissait du menuet du *Quatuor en ré mineur*, K. 421 (l'un des six quatuors dédiés à Haydn, où Haydn reconnut, chez ce jeune homme, le plus grand compositeur vivant...), et Mozart − que je connaissais déjà, bien sûr, mais que je n'avais jamais à ce point *rencontré* − venait d'entrer définitivement dans ma vie.

De telles rencontres sont importantes, et bien au-delà de la musique. Les mélomanes me font rire. Comme si la musique était ce qui importe !

« Sans la musique, la vie serait une erreur », disait Nietzsche, et la formule est belle, et forte. Pourtant c'est ce que Mozart n'a jamais dit, et réfute. Que serait la musique sans la vie ? Et que pourrait-elle valoir, si la vie ne valait pas déjà, avant elle, indépendamment d'elle ? Plus qu'elle ? C'est ce que la musique de Mozart ne cesse de nous rappeler, gaie ou triste, et qui la rend à ce point déchirante quand le bonheur fait défaut.

La musique n'a jamais sauvé personne : Mozart le sait, le prouve, le chante. Et cela fait comme un bonheur pourtant qu'on espère, ou qu'on pressent, ou dont on se souvient...

La formule de Nietzsche ressemble à notre malheur ; c'est par quoi elle touche juste. La musique de Mozart ressemble à notre bonheur, même perdu, même impossible, c'est par quoi elle bouleverse.

Il ne s'agit pas seulement d'art, et c'est l'art vrai, pas seulement de beauté, et c'est la seule qui compte. La rencontre avec Mozart déborde l'esthétique : elle est humainement décisive, philosophiquement décisive, spirituellement décisive. Mozart est une éthique. Ou toute éthique du moins, toute éthique digne de ce nom, doit depuis deux siècles intégrer Mozart, je veux dire prendre en compte ce fait singulier, ce fait étonnant, qui met très haut la barre de nos exigences et de nos responsabilités : que Mozart soit possible − puisqu'il fut réel, puisque éternellement il le demeure −, voilà qui en dit long sur l'homme et sur la vie ! Nous ne sommes pas Mozart ? C'est ce que chacun ne cesse de constater. Mais aussi, l'écoutant, que cela ne dispense pas d'être humain.

On a trop parlé du « divin Mozart ». Le succès de la formule tient pourtant à sa part de vérité, à ce qu'elle révèle, à ce qui s'y joue d'effectif. Mozart, ou le divin en l'homme. Une grâce ? Si l'on veut, mais toute humaine, mais toute mondaine, sans transcendance, sans révélation, sans surnaturel. Mozart est un classique, un rationaliste, un continuateur des Lumières. Ni démesure, chez lui, ni déraison. Ni obscurité, ni obscurantisme. Un homme simplement, et tout l'homme. Mais son message est aussi politique. Le clergé, l'aristocratie, les États, les frontières, qu'est-ce que cela pèse à côté de la musique, qui ne pèse rien ? Le plus grand prince du monde, à côté de Mozart, le voilà remis à sa vraie place, qui est la place commune. Un humanisme ? C'est l'usage qu'on en peut faire aujourd'hui, qu'on en doit faire. Pourquoi les droits de l'homme, si l'humanité ne valait rien ? Et de ce qu'elle vaut, quelle meilleure illustration que Mozart ? Attention pourtant de ne pas en faire une nouvelle religion. L'humanité qu'il nous présente est sans emphase, sans enflure, sans

grandiloquence. C'est le contraire d'un messia-
nisme. C'est le contraire d'une utopie. Ce n'est pas
l'homme nouveau qu'il chante ; c'est l'homme réel,
tel qu'il est, tel qu'il peut être, avec sa grandeur et
sa misère, sa fragilité, sa banalité, ses plaisirs et ses
peines, ce mélange de dérisoire et de tragique... Et
quelle beauté pourtant, quelle clarté, quelle évidence ! C'est pourquoi il plaît à tous, ou presque,
quel que soit leur pays, quelle que soit leur culture,
quels que soient leurs goûts, et même, dirait-on,
s'ils n'aiment pas la musique... Certains le lui
reprocheront, parleront de sa facilité, de sa séduction, de son élégance suspecte... J'y verrais plutôt
une espèce de confirmation de quelque chose d'important. Quoi de plus naturel que Mozart ? Quoi
de plus humain ? Quoi de plus universel ? Nietzsche, contre Wagner, a su vanter comme il fallait
« le génie gai, enthousiaste, tendre et amoureux de
Mozart... » Mais Nietzsche se trompe sur l'essentiel. On n'est jamais *trop humain*. Simplement on
l'est mal, ou pas assez. Le divin, ce qu'on appelle le
divin, est en nous, à portée d'âme ou de cœur : il
n'est pas l'autre de l'homme, mais sa vérité la plus
haute. C'est ce qu'atteste la musique de Mozart,
dans ses meilleurs moments, par quoi elle est une
leçon pour chacun. *« Homo homini deus »*, disait Spinoza, « l'homme est un dieu pour l'homme »,
quand il est libre, quand il est en paix, quand il
aime, et Mozart rend la chose plausible, que dis-je,

il la réalise, comme par anticipation, il l'incarne, et c'est comme si nous communiions grâce à lui, avec lui, dans cette humanité enfin pacifiée, enfin accomplie, enfin réconciliée... Humain, divinement humain.

Les notes ne sont pas là pour faire joli. Cette perfection est un exemple ; cette pureté, une exigence. Et tant d'humilité, de simplicité, de générosité... Pas de musique moins narcissique que celle de Mozart, fût-ce dans ses confessions les plus intimes. Souvent même il en est superficiel, frivole, si l'on veut, délicieusement gratuit... Style galant ? Musique de cour ? Cela arrive. Mais cette galanterie est aussi une vertu. Cette courtoisie, un art de vivre. C'est le contraire de l'esprit de sérieux, de l'exhibitionnisme, de l'apitoiement sur soi-même. Mozart danse, et qu'importe si c'est dans un salon ou sur l'abîme... « Superficiel par profondeur », dirait Nietzsche, et plus émouvant encore de se piquer si peu de l'être. Il me fait alors songer à cette devise que je me suis forgée pour mon usage personnel : *La situation est désespérée, mais pas grave.* La politesse est l'humour du désespoir, et Mozart est le plus poli de nos musiciens. A nouveau, c'est un modèle. Pourquoi crier, quand on peut sourire ? Pleurer, quand on peut chanter ? Cela suppose aussi beaucoup de respect de l'autre, de discrétion, de délicatesse... On voudrait écrire : Mozart rend bon. L'histoire hélas a prouvé le contraire (quoique ce ne soit pas par hasard, peut-être, que les nazis aient préféré Wagner...), mais il dépend de nous maintenant, de chacun d'entre nous, que ce ne soit pas pourtant tout à fait faux. C'est où l'éthique et l'esthétique se rejoignent. Donner raison à Mozart, c'est donner raison à la meilleure part de nous-même, la plus belle, la plus vraie, la plus lumineuse... Maxime de l'impératif mélodique : *Agis de telle sorte que tu ne sois pas indigne d'écouter Mozart !*

Mais cela même est trop sérieux, trop volontaire, trop moralisateur − trop peu mozartien. Ce que j'aime chez Mozart plus que tout, c'est au contraire la grâce, l'absence d'effort, la légèreté, comme une évidence heureuse... Rien de prométhéen, chez lui, rien de surhumain. La facilité, plutôt, la transparence, la parfaite adéquation à soi et au monde. Le divin, si l'on y tient, mais sans prophètes, sans prêtres, sans Église. Je suis celui qui suis : Wolfgang Amadeus Mozart... Presque rien, presque tout : un peu de lumière dans la lumière du monde. Éluard, parlant de lui-même, et fort justement, disait : «J'ai la beauté facile, et c'est heureux.» Cette phrase m'a toujours fait penser à Mozart, à ce qu'il y a chez lui de plus précieux, de plus rare. La beauté facile : la grâce. La vertu sans effort : la noblesse. Le bonheur fait musique.

Je sais bien que Mozart est grave aussi − mais quoi de plus grave que le bonheur ? Et qu'il ne fut pas toujours heureux, tant s'en faut. Mais en quoi cela empêche-t-il sa musique – même grave, même désespérée – de l'être ? Clément Rosset a raison, en tout cas il dit une part de la vérité, quand il explique, dans *La force majeure*, que toute musique est gaieté, même quand elle naît du chagrin – puisqu'elle le soigne, puisqu'elle l'apaise, puisqu'elle le surmonte ! « Je suis heureux, écrit Mozart dans une lettre, parce que j'ai une composition à faire, ce qui est ma seule joie. » Mais c'est une joie réelle, non un simulacre. « Le passage à une perfection supérieure », dirait Spinoza, et c'est ce passage que Mozart, comme miraculeusement, ne cesse d'accomplir devant nous. Cette joie fait partie de l'existence, même difficile, même tragique. Elle est l'existence même. Nous serions autrement déjà morts, et c'est ce que la musique infirme. Mozart, ou la joie malgré tout... Ses musiques tristes, et Dieu sait qu'il en a composé d'immortelles, sont encore un peu de vie malgré tout qui surnage, qui résiste, qui chante... On voudrait pleurer, on pleure parfois, et le miracle est là : ces larmes sont douces comme un bonheur.

Ne faisons pas de Mozart un naïf, un innocent béni, pas même l'enfant surdoué qu'il fut. C'est d'abord un musicien accompli, un grand professionnel, dirait-on aujourd'hui, comme Haydn, comme Bach, un travailleur lucide et savant. Il transcrit, il imite, il n'est étranger ni aux modes ni aux influences. Il n'a que faire d'être original, puisqu'il est unique, puisqu'il est universel. Il est lui-même : il est toute la musique. Toujours semblable à soi, toujours différent, toujours juste. Quelle puissance parfois (le grand air de la Reine de la Nuit, la symphonie «Jupiter», l'allegro du vingt-cinquième concerto pour piano...), quelle fragilité souvent (dans les sonates, dans la musique de chambre...), quelle variété dans les affects et l'écriture! Il connaît tous les styles; il les utilise tous. Il ne cherche pas : il trouve. Rien de révolutionnaire, chez lui, aucune volonté de rupture, de bouleversement, d'*avant-garde*, comme on ne disait pas encore. La perfection lui suffit. Il n'est pas venu abolir mais accomplir. Il s'en donne les moyens, qu'il emprunte ici ou là. Il les utilise comme personne. Il a le goût absolu. Le génie absolu. Il sait ce qu'il veut, ou plutôt il veut ce qu'il sait. Il le fait donc, puis passe à autre chose. Il travaille souvent sur commande; il doit gagner sa vie, il doit plaire – et cela ne lui déplaît pas. Mais c'est à la condition d'être soi, d'être libre, de ne pas faire semblant. Il s'adapte; il ne se trahit jamais. Des pièces de circonstance? Quelle œuvre qui ne le soit? Quelle vie? L'inspiration? Ce n'est qu'une circonstance comme une autre. Le génie est aussi un métier, quand on en a. Mozart fait le sien,

comme il peut, comme il doit. On dirait qu'il ne
s'arrête jamais, qu'il ne peut plus se tromper, qu'il
ne peut plus que réussir autrement. Labeur
acharné, science souveraine, maîtrise de tous les
instants... Mais c'est un labeur qui disparaît dans
son résultat, une science qui s'oublie, comme une
maîtrise libérée d'elle-même. Beethoven ou Bach,
avec un génie comparable, semblent parfois plus
savants, plus techniciens, plus virtuoses. Le travail
chez eux s'entend, et s'admire. Cela fait partie de
leur force, de leur invraisemblable grandeur. Mais
nul ne retrouvera, même pas Schubert, cet art de
la transparence, de la spontanéité, comme une
musique qui coule de source, comme un secret sans
secret, comme un repos dans le mouvement. Un
jaillissement ? Si l'on veut, mais qui serait libéré de
la pesanteur, comme une pluie de lumière qui
remonterait vers le ciel, qui serait le ciel lui-
même...

On imagine, sachant ce que fut sa vie, sa solitude, sa détresse parfois, ce qu'il lui fallut pour cela
de courage : le courage d'être soi, de vivre, de surmonter les obstacles, les douleurs, la fatigue, puis
celui, plus difficile encore, plus rare, plus mysté-
rieux, de s'affranchir de ce courage-là, de ce com-
bat-là, pour qu'il n'y ait plus que la vie imper-
sonnelle, anonyme, toujours jeune, toujours
recommencée, toujours renaissante le troisième
jour, et tant pis si c'est pour un autre, et tant pis si

ce n'est pour personne – pour qu'il n'y ait plus que la musique, comme une vie à l'état pur, libérée du moi, libérée de tout, libérée d'elle-même.

Les œuvres de Mozart que je préfère? La musique de chambre plutôt que les opéras (quelle merveille pourtant que les *Noces*!), les concertos plutôt que les symphonies, les sonates plutôt que le *Requiem*... Affaire de goût davantage que de compétence, de sensibilité plus que de doctrine. Mozart est un monde; chacun y suit son chemin. Certaines œuvres m'ont porté pendant des années, que je n'écoute plus que rarement, mais qui m'habitent, qui m'accompagnent, qui m'éclairent : le *Cinquième concerto pour violon*, le *Trio à cordes* K. 563 (*Divertimento*!), la *Fantaisie en Ut mineur* pour piano (K. 475), le *Quintette en la* pour clarinette et cordes, la *Symphonie concertante* pour violon et alto, sans oublier, c'est peut-être l'œuvre que je place le plus haut, le sublime *Concerto pour clarinette*... Puis il y a ces moments de grâce, qui ne durent parfois qu'un instant, mais inoubliable, mais éternel : la Cavatine de Barberine, dans les *Noces de Figaro*, l'andante de la *Sonate en la mineur*, K. 310, l'adagio de la *sonate en si bémol*, K. 570, le *Menuetto* que j'évoquais en commençant, dans le *Quatuor en ré mineur*, l'andante du vingt-deuxième concerto pour piano (où l'orchestre est si douloureux, si poignant, où le piano ne semble sauvé que par sa fragilité même, jusqu'à la paix retrouvée de la coda, jusqu'à l'allégresse renaissante du rondo...), l'adagio du vingt-cinquième, le larghetto du vingt-septième... Tout cela est bien banal, et doit l'être. Quant à l'interprétation, j'aime qu'on le joue léger, lumineux (le moins romantique possible!), et plutôt sec que lourd. Au piano, l'intégrale de Gieseking m'a fasciné longtemps, par je ne sais quoi d'austère et de froid, comme une espèce de chic paradoxal, qui semblait fait d'ascétisme et de décontraction... D'autres sont plus émouvants, plus intimement mozartiens. Maria Joao Pires ou Murray Perahia, parmi les contemporains, me paraissent de ceux-là. Mais comment remplacer Edwin Fischer, Clara Haskil ou Dinu Lipatti? J'aime assez ce que disait Rubinstein à l'un de ses élèves : « Attention! Si ce n'est pas un miracle, ce n'est pas du Mozart! » C'est dire la difficulté de l'interprétation. Mozart, le gentil Mozart, le facile Mozart (Horowitz expliquait qu'il se le réservait pour ses vieux jours, quand il ne serait plus capable de virtuosité!), est en réalité le plus difficile des musiciens, par cette facilité même. Il y faut une qualité d'âme dont bien peu sont capables, une simplicité, une attention (Simone Weil : « l'attention absolument pure est prière »), une disponibilité, une légèreté, un mélange instable, nécessairement instable, de pudeur et de nudité... Même pour les plus grands, c'est un état d'exception, un état de grâce, qu'on ne saurait obtenir ni entretenir par force.

Cela vaut aussi pour l'auditeur. Souvent, il ne se passe rien : c'est comme si Mozart n'y était pas, ou bien c'est nous qui sommes absents, ou trop présents au contraire, trop encombrés de nous-mêmes, trop opaques, trop lourds... La beauté facile, on n'est pas toujours en état de l'accueillir. Les derniers quatuors de Beethoven semblent résister plus ; mais cette résistance accroche, et ils ont au moins l'avantage, au premier coup, de surprendre. Mais Mozart ? Mozart ne surprend jamais. J'allais écrire : Dieu non plus. Ou quand il surprend, c'est comme l'évidence − et comme elle, souvent, il passe inaperçu.

Mais évidence de quoi ? De la beauté ? de la joie ? de la douceur ? Sans doute. Rien de méchant, chez Mozart, et cela touche encore à l'éthique. « Il faut que les notes s'aiment », disait-il. La formule, qui peut paraître mièvre, approche pourtant du mystère. Que serait la beauté, si nous ne l'aimions pas ? Et quelle autre joie que d'aimer ? Quelle autre douceur, contre la violence ou l'amertume ?

Au fond il n'y a que l'amour qui vaille, ou plutôt rien ne vaut que par lui, et c'est ce que signifie Mozart.

Schubert

MOZART est un miracle. Et Schubert, quoi ?
Une souffrance, une misère, un déchirement... Plus
jeune, l'année même où je l'ai découvert je crois, et
la musique avec lui (j'avais vingt-trois ans peut-
être : toute ma vie s'en était trouvée bouleversée),
j'ai rêvé d'un roman que je lui aurais consacré, ou
à moi, comme une autobiographie en miroir, et
j'avais pensé à deux titres, l'un sottement préten-
tieux ou recherché : *Le jeune homme et la mort*; et
l'autre, plus simple, plus vrai : *Pauvre Franz.*
Mozart est un miracle, Beethoven est un combat ;
et Schubert, quoi ? Franz, le pauvre Franz... Schubert est Schubert, et rien d'autre. Sa musique lui
ressemble : elle est lui-même, fait musique! On
dira que c'est toujours vrai, mais non. La musique
de Bach ne ressemble qu'à Dieu; celle de Beethoven, qu'à l'humanité. Et qui prétendrait − fût-ce

Mozart lui-même —, qui oserait prétendre que la musique de Mozart lui ressemble ? Je ne dis rien de ceux qui font semblant de ressembler à leur propre musique, de tous ces romantiques qui posent, entre deux notes, pour les femmes ou pour l'éternité... Schubert ne pose pas. Il ne fait pas semblant d'être Schubert. Il s'en excuserait plutôt, du moins il fait tout pour que cela nous soit léger, *sans rien qui pèse ou qui pose*, comme dira Verlaine, et de fait c'est à lui qu'il fait penser parfois, avec davantage de profondeur, davantage de puissance, davantage d'ombre et de lumière, comme un Verlaine qui aurait le génie de Rimbaud, comme un Rimbaud qui aurait la simplicité de Verlaine... Je ne m'étonne pas qu'il soit inégalable dans les *lieder* : quel musicien plus poète ? Et pourtant le plus musicien de tous peut-être. On sait qu'il n'avait pas de piano et composait le plus souvent de tête, partageant avec Mozart presque seul, semble-t-il, ce privilège d'une facilité inouïe, qui n'a pas besoin de chercher ses notes ni même, cela impressionne fort les spécialistes, de les essayer... Il était à lui seul un piano suffisant, il faut croire, il devait avoir le chant absolu, comme d'autres ont l'oreille, et puis l'on n'a pas besoin, pour parler de soi, de toucher les cordes de je ne sais quel instrument... La douleur suffit. L'émotion suffit. De là peut-être cette authenticité sans égale, cette bonne foi désarmante et désarmée, cette candeur... Schubert compose comme on se confie à son meilleur ami, quand on en a un, sans phrases, sans grandiloquence, et cela fait, entre lui et nous, comme un secret partagé. Rien dans les mains, rien dans les poches : la musique nue, et au-delà même, très au-delà de toute impudeur... C'est comme la nudité d'un enfant, et pourtant c'est la nôtre. Chacun s'y reconnaît en le reconnaissant, lui, et c'est peut-être le vrai miracle schubertien, non par trop de lumière ou de pureté, comme chez Mozart (chacun vénérant en Mozart cela même dont il se sent incapable, comme on aime Dieu, dans la distance ou l'éblouissement), non par trop de force ou de grandeur, comme chez Beethoven (chez qui nous admirons surtout ce qui nous dépasse, ce qui nous manque), mais par tant d'intimité, de fraternité, de proximité simple et vraie... La musique de Schubert ressemble à Schubert, et à nous tous. Comme l'enfance. Comme la solitude. Comme la mort. On dirait une confession, ou mieux (puisqu'elle ne s'adresse qu'à nous, sans prêtres, sans sacrements ni remords) une confidence, une longue confidence pour rien, pour la simple émotion de dire et d'écouter, comme un trop-plein de l'âme, un sanglot ou un sourire, et ce déchirement d'être ou d'aimer, juste avant de mourir, cette lenteur, cette langueur, cette solitude infinie...

Je ne suis ni musicien ni musicologue – et mélomane, de moins en moins. Cette passion m'a passé, comme d'autres, comme il faut qu'elles passent, et je crois sincèrement n'en aimer que mieux la musique, pour l'écouter moins, pour avoir cessé d'y croire. Il faudrait expliquer cela plus longuement mais ce n'est pas mon sujet, sauf en ceci : à la musique, semble-t-il, du moins à la sienne, Schubert n'a jamais cru tout à fait. C'est pourquoi peut-être il laissa tant d'œuvres inachevées – et tant d'autres bouleversantes de réserve, de délicatesse, de discrétion... On dirait qu'il compose comme on s'excuse – d'être là, d'être soi –, comme on s'efface, comme on s'en va... Peut-être est-ce faute d'avoir été suffisamment reconnu, de son vivant, d'avoir été joué par d'autres que soi ou ses amis ? Peut-être est-ce cette grande ombre sur lui de Beethoven, cette grande lumière de Mozart ? Qu'il les ait admirés comme personne, c'est assez clair. Qui non ? Et qui mieux que lui ? Mais jamais il ne s'est pris pour eux. Il s'en inspire, si l'on veut, il les imite, plutôt il se met à leur école, comment faire autrement, mais avec toujours des distances bien marquées, avec le sentiment, comment dire, de son insuffisance, oui, de sa propre petitesse, comme un enfant encore, de sa propre fragilité... Et certes, si l'on voulait comparer, nul doute que Beethoven ou Mozart le surpassent. Mais il le sait, et il n'en est que plus émouvant, plus proche de nous, au point qu'il les dépasse parfois, au moins par l'humilité, au moins par l'intimité, et cette grâce désolée et souriante.... Schubert, mon semblable, mon frère : on a le sentiment qu'avec celui-là nous partageons tout, même le déchirement de n'être pas Mozart...

Selon la chronologie, il est postérieur à Beethoven, d'une génération. Mais il meurt moins de deux ans après son écrasant modèle, et sans avoir jamais rivalisé avec ce que la musique du Maître comportait de plus audacieux, de plus novateur, de plus futuriste... Beethoven regarde vers l'avenir, comme Hugo faisait aussi, comme Liszt, comme Delacroix... Mais Schubert, non. Vers le passé ? Je ne sais. Je ne crois pas. Aucun archaïsme chez lui, aucun maniérisme, aucun conservatisme. Quelle liberté au contraire, quelle invention, quelle audace tranquille ! Simplement il se pourrait que le présent lui ait suffi, l'ouverture du présent, la blessure continuée du présent, comme ces infinies soirées de juin à quoi ses mouvements lents parfois font songer, comme une éternité offerte, comme un instant qui n'en finit pas de finir... Toujours est-il que c'est surtout Mozart qu'il évoque (et pas seulement dans la *Cinquième Symphonie*), qu'il continue, comme s'il assurait − je dis la chose naïvement, comme elle me semble − une espèce de transition paradoxale entre ses deux aînés. Plus romantique que Mozart, plus classique que Beethoven, et pourtant ni l'un ni l'autre, ou les deux... Je ne sais ce qu'en pensent les spécialistes, et au vrai je m'en moque. Mais il a le charme pour moi des entre-deux, des charnières, des passages... C'est un peu l'adolescence de la musique (avez-vous remarqué ce qu'il y a de jeune fille chez Schubert?), avec cette beauté qui s'ignore ou se méconnaît, ce natu-rel tantôt exquis tantôt maladroit, cette grâce fra-gile, cette séduction farouche et gauche, ce je ne sais quoi d'inachevé ou d'incertain... Il est bien rare qu'entendant par hasard un morceau qu'on ne connaît pas, ou plus, on prenne du Mozart pour du Beethoven, ou inversement. Mais il m'est arrivé très souvent, c'est le privilège des ignorants, d'at-tribuer à l'un ou l'autre ce qui appartenait à Schu-bert, ou à Schubert ce qui revenait à l'un ou l'autre... Cela m'éclaire sur ce que j'aime chez lui, ainsi, soit dit entre parenthèses, que sur ce fameux style viennois, à côté de quoi Beethoven me paraît toujours trop allemand – *presque* toujours – et qui, sauf chez Schubert, me paraît toujours trop vien-nois à côté de Mozart...

Mais laissons. L'histoire de la musique n'est pas ce qui importe – et chez Schubert moins que chez quiconque. Alors quoi ? La vie, la mort, vous, moi, le pauvre Franz... Disons : le déchirement de vivre, la pauvreté d'exister, le malheur d'être soi... On va encore me trouver trop sombre, et sans doute je le suis. Mais Schubert l'était aussi, et davantage.

«Mes œuvres sont les enfants de ma connaissance et de ma douleur», disait-il. Et dc lui-même, à vingt-sept ans : «Je me sens l'être le plus malheureux et le plus misérable du monde... Sans joie et sans ami, mes jours s'écoulent...» On a du mal à le croire, tant sa musique regorge parfois de bonne humeur, d'entrain, de gaieté... Sans doute avait-il, comme tout un chacun, ses humeurs, ses moments d'aise ou de désespoir, ses petits plaisirs, ses vraies joies, ses immenses chagrins... Je n'aime pas qu'on exagère chez lui le pathétique, l'expressivité, le romantisme. Je préfère les interprètes qui le tirent plutôt, comme je ferais moi-même, du côté de Mozart, voire de Haydn. Il a cette élégance, cette bonté, cette légèreté qui leur ressemble. Mais enfin il est aussi le musicien de la douleur, il ne cesse de le répéter, et c'est par là d'abord qu'il nous bouleverse, ou plutôt par ce mélange de douleur et de paix, «comme un sourire entre des larmes», a-t-on dit, et c'est très vrai. Résignation? Ce n'est pas le mot que j'emploierais. Quelque chose qui oscille, plutôt, entre le détachement et le déchirement, entre douleur et douceur, mais qui culmine, presque toujours, dans une forme d'acceptation, d'apaisement, voire de sérénité. Schubert pardonne à Dieu, ce que Beethoven n'a jamais su faire, et à soi, ce dont Mozart n'avait cure. Il y a du tragique chez lui, c'est sûr, mais surmonté, pacifié, réconcilié... Souvenez-vous de l'andantino

de la *Sonate en la* (D. 959)... C'est où je le reconnais
le mieux, peut-être. On dirait qu'il est déjà mort,
que plus rien ne peut l'atteindre, et c'est le
contraire pourtant d'une marche funèbre, c'est la
vie qui continue malgré tout, la vie fragile et
tendre, inconsolable, irréparable, comme de
l'autre côté du désastre, comme déjà perdue,
comme déjà sauvée... Celui-là accepte son
malheur, c'est le premier pas vers la sagesse, et le
plus difficile peut-être. Il accepte sa faiblesse, sa
misère, son incapacité à accepter. Il accepte de
n'être que soi, de n'être presque rien, de n'être
bientôt plus... C'est en quoi il nous ressemble, tout
en nous montrant le chemin. De la musique
comme travail du deuil... Ses mouvements lents
sont déchirants, mais plus par le désespoir que par
l'angoisse – et moins par la souffrance, peut-être,
que par la nostalgie d'un bonheur impossible ou
perdu. Rien à voir avec Schumann, davantage
avec Brahms, celui de la fin, celui du dernier *Quintette* (opus 115) ou des *Sonates pour piano et clarinette*... Lumière d'automne, soirée de printemps...
Schubert émeut plus; Brahms apaise davantage.
Mais même chez le premier, que la nostalgie se fait
douce! Nostalgie acceptée, surmontée, presque
sereine parfois : le drame a déjà eu lieu (sans
doute, quand il souffrait trop, il ne pouvait plus
composer), et l'on se promène parmi les ruines, les
regrets, les souvenirs... Écoutez, dans le quator-

zième quatuor *(La jeune fille et la mort)*, cet accablement de l'andante, tout ce poids de chagrin, mais cette lumière aussi, cette délicatesse, cette grâce préservée ou retrouvée... Schubert ne crie pas : il pleure, et cela fait comme un chant pourtant qui renaît, qui s'élève, qui s'éteint doucement... Toute la violence du scherzo n'y pourra rien changer, ni cette course folle du presto, cette chevauchée vers l'abîme, dans l'abîme, comme un héroïsme déjà d'outre-tombe... Ou bien, dans l'andante du quinzième, cette élégance souveraine, presque surnaturelle, cette fierté dans le malheur, cette crânerie, ce sourire d'ange blessé ou condamné... C'est le même Schubert qu'on retrouve dans les dernières œuvres pour piano, en plus nu. J'ai évoqué déjà l'andantino de la *Sonate en la*. Mais que dire de l'andante de celle en si bémol ? Schubert n'a jamais été aussi triste peut-être : ce n'est plus que désolation, solitude, lassitude... Cela chante toujours, pourtant, cela chante merveilleusement, comme dans un murmure, et voila que la tristesse se fait plus légère, qu'on l'oublierait presque, qu'on repart de l'avant, comme si le malheur s'était mué en courage (« le malheur est l'unique stimulant qui nous reste », écrit Schubert dans une lettre), comme si la fatigue s'était muée en repos... Comparons enfin, pour rester dans ses mouvements lents, ceux de ses deux *Trios avec piano*, si populaires, si justement populaires. Les deux

andantes sont d'esprit très différent : quelle légèreté dans le premier ! quelle gravité dans le second !
Dans l'un c'est la vie qui chantonne, qui rêve, qui
se promène... Dans l'autre c'est la mort qui
marche, qui vient, et la vie n'est plus que son
ombre, sa compagne, sa confidente... Mais une
même paix pourtant les rapproche, une même
douceur, comme un acquiescement ultime à cela
même qui nous emporte, qui nous fait vivre, qui
nous déchire... Ce n'est pas encore un bonheur. Ce
n'est plus tout à fait le malheur. Dans l'opus 99, on
pense à une phrase de Montaigne, l'une des plus
belles : « C'est chose tendre que la vie et aisée à
troubler... » Schubert est le musicien de cette ten-
dresse-là. Dans l'opus 100, on penserait plutôt à
Stig Dagerman : « Notre besoin de consolation est
impossible à rassasier. » Schubert est le musicien de
cet impossible-là.

On aurait tort pourtant de l'enfermer dans l'af-
fectivité, dans l'émotivité, dans le *pathos*. Aucune
sensiblerie chez lui. Sa musique est intérieure plutôt que sentimentale, et d'une intériorité ouverte.
Il compose pour ses amis (c'est l'esprit des fameuses
Schubertiades), il compose pour nous tous, il compose pour « ceux qui y prendront du plaisir »,
comme il dit, et quelle meilleure raison ? Musique
pure : musique vraie. Mais ce n'est pas une
musique repliée sur elle-même, enfermée dans ses
recherches, dans ses trouvailles... La technique est

au service d'autre chose, et c'est cet autre chose
que l'on entend. Quoi? La beauté, la vérité, le
plaisir, en effet, même s'il est douloureux. C'est
pourquoi Schubert nous concerne, c'est pourquoi il
nous aide à vivre − à vivre malgré tout, et mieux.
Il n'augmente pas notre souffrance; il l'allégerait
plutôt. Il n'ajoute pas du malheur au malheur, de
l'angoisse à l'angoisse : il apprend à les supporter,
à les surmonter, à s'en libérer parfois. Il ne nous
encombre pas de son ego; il nous désencombre du
nôtre. Il n'est jamais oppressant, jamais étouffant.
Sa musique respire, et cette respiration c'est le
monde, c'est la vie, c'est tout. *Der Wanderer...* Schubert compose comme on voyage, comme on se promène, comme on s'arrête parfois... Dans ses meilleurs moments − spécialement dans le mouvement
lent du *Quintette en Ut* − il atteint l'absolu, on dirait
qu'il s'y installe, qu'il s'y repose, qu'il y trouve une
espèce de salut, là où tout se fond, là où tout ne fait
plus qu'un : l'éternité dans le présent, la vie dans la
mort, l'amour dans la solitude, la sérénité dans le
désespoir... Qui est allé plus loin? Qui plus près de
l'essentiel? Plus près du silence? Plus près du bonheur? Qui plus sobrement, plus simplement, plus
tendrement? Et presque toujours (dans sa musique
de chambre, dans sa musique pour piano, dans ses
œuvres vocales ou orchestrales...), cette perfection
du chant, cette légèreté blessée, cette émotion
exquise et grave... On vante surtout ses lieder, et

pour de bonnes raisons : c'est le seul genre sans
doute où il soit le premier. Mais je l'aime mieux
encore quand il fait chanter les cordes (par
exemple dans le treizième quatuor), les vents (dans
l'*Octuor*, dans les symphonies...) ou, surtout, le
piano, qu'il fait chanter comme personne. Les
Impromptus sont des lieder pour piano seul, comme
les *Moments musicaux*, comme les *Klavierstücke*. C'est
comme si la mélodie avait tout envahi, tout
sublimé, tout libéré... L'écriture est savante pourtant, audacieuse, novatrice. Mais cela ne se sent
pas, cela ne doit pas se sentir. Jusque dans ses
œuvres les plus ambitieuses, il garde quelque chose
de sans façon, de familier (cet air de chanson soudain dans *La jeune fille et la mort*!), comme s'il
improvisait à chaque fois, comme s'il y avait toujours plus important que la musique, comme si la
musique ne valait que pour cela qu'elle sert et qui
la contient, le monde immense et beau, la vie fragile et grave, la vie très simple et très difficile, la vie
solitaire, la vie souffrante, la vie mortelle...

Grandeur des humbles. Quelle candeur dans
l'aveu, quelle pureté dans le chant! Il semble qu'il
ne se prenne jamais au sérieux, et que la gravité
pourtant lui soit naturelle, comme à certains
enfants, au point qu'il ne puisse jamais, même
dans le jeu ou le divertissement, s'en défaire tout à

fait... Qui mieux que lui a su dire l'échec de nos vies, leur à-peu-près, et pourtant leur insoutenable beauté ? Qui parle mieux à nos déceptions, à nos angoisses, à nos fatigues ? Et sans la moindre méchanceté jamais, sans la moindre rancœur, sans le moindre ressentiment (Schubert est à soi seul une réfutation de Nietzsche : il montre que la vraie grandeur n'est pas du côté de la volonté de puissance, mais du côté de la faiblesse avouée et pardonnée). La révolte n'est pas son fort, ni même le combat. Ou bien le combat a déjà eu lieu, déjà il a été perdu – ou gagné, et cela revient au même. Pas de haine. Pas de colère. Douleur et douceur, miséricorde et paix. Notre vie ratée, gâchée, manquée, c'est cela que nous retrouvons chez Schubert, en même temps que la tendresse qui nous aide à le supporter. Et sans doute Mozart est-il plus précieux encore, pour avoir su dire la perfection lumineuse de tout («par perfection et réalité, disait Spinoza, j'entends la même chose» : cela est mozartien), la légèreté d'exister, le miracle de vivre ou d'aimer... Mozart est le musicien de la grâce : tout ce qu'il touche réussit, même l'échec, même la mort. Chez Schubert au contraire tout échoue, pourrait-on dire, même le talent, même le génie. Par réalité, il semble qu'il entende l'imperfection d'exister. Des éléments biographiques ont pu jouer, ont dû jouer. La pauvre vie de Schubert, quand on y pense... Mais il n'en est pas prisonnier.

Quelle grandeur dans sa musique, quelle élévation, quelle puissance parfois (dans l'*Inachevée*, dans
la *Wanderer-Fantasie*...), quelle noblesse toujours !
Sa dernière symphonie, la bien nommée (« *La
Grande* », en ut majeur), est l'une des plus belles du
répertoire, et sans doute, avec la *Neuvième* de Beethoven, celle qui m'émeut le plus. Tout s'y fait
chant et danse, grâce et courage. C'est un hymne à
la nature, à la beauté, à la vie : une symphonie à
la fois héroïque et contemplative, tragique et heureuse... Schubert, lui, ne l'a jamais entendue (la
Société de Musique de Vienne l'avait refusée...), et
nous sommes quelques millions sans doute à ne pas
nous consoler, parmi tant d'autres plus graves, de
cette injustice-là. Et puis cette mort, si évidemment
(bien davantage que celle de Mozart, qui semblait
avoir tout dit), si atrocement prématurée... Quand
on voit l'incroyable fécondité des trois dernières
années, cette accumulation inouïe de chefs-
d'œuvre – les deux derniers quatuors, les lieder du
Voyage d'hiver, ceux du *Chant du cygne*, les deux
Trios, les *Impromptus*, la *Fantaisie pour piano et violon*,
la *Symphonie en ut*, la *Fantaisie en fa mineur*, pour
piano à quatre mains, la *Messe en mi-bémol*, les *Klavierstücke*, *Le pâtre sur le rocher* (peut-être son plus
beau lied, celui en tout cas que je préfère), le *Quintette à deux violoncelles*, les trois dernières sonates
pour piano... –, on ne peut s'empêcher de rêver à
ce qui aurait suivi, à ce qui aurait dû suivre...

Schubert est mort à trente et un ans. Mozart lui-même, à cet âge-là, n'avait pas encore commencé *La Flûte enchantée*, ni ses trois dernières symphonies, ni son grand *Trio à cordes*, ni le *Concerto pour Clarinette*, ni les derniers *Quintettes*, ni le vingt-septième *Concerto pour piano*... Quant à Beethoven, s'il était mort à trente et un ans, il n'aurait pu composer qu'une seule des neuf symphonies que nous lui connaissons... Que serait devenu Schubert, que serait devenu son œuvre, s'il avait vécu ne serait-ce que les cinquante-sept ans d'un Beethoven, ou même les trente-cinq ans d'un Mozart ? Nous ne le saurons jamais. Cela ne signifie pas que la question soit sans portée. Elle nous accompagne, nous qui aimons Schubert, nous qui l'aimons comme aucun autre musicien, elle fait partie de notre vie, comme un regret, comme une blessure intime, comme une perte qui nous laisserait inconsolés... Comment faire son deuil de ce qu'on n'a pas connu, de ce qu'on ne connaîtra jamais ? Les œuvres qu'il nous a laissées en sont comme nimbées de nostalgie, de frustration, d'incomplétude. Même les plus enjouées, les plus chantantes, les plus séduisantes (l'*Octuor*, le *Quintette avec piano*, la merveilleuse *Sonate pour arpeggione*...) nous blessent en même temps qu'elles nous comblent. Il y a l'ombre de la mort, mais aussi autre chose : l'injustice du destin, la rareté de l'amour, le peu que nous sommes, le peu que nous pouvons, que nous vivons, notre

misère, notre fragilité... C'est ce que Schubert a
vécu, dans la douleur, dans l'angoisse, comme
nous tous, et qu'il chante, dès qu'il le peut, comme
lui seul sait le faire. Il éclaire par là nos échecs; il
banalise nos souffrances; il nous réconforte à sa
façon. Dureté de la vie : douceur de Schubert.
C'est comme une chanson triste qui console pourtant, ou qui apaise... Il y a de la jeune fille chez
Schubert, et quelque chose aussi de maternel (la
trace peut-être d'une enfance heureuse?) et d'infiniment doux. Oui : la tendresse. On dirait que
c'est lui qui nous écoute, que c'est nous qui chan-
tons... Entre désolation et consolation. Entre
détresse et caresse. On voudrait fermer les yeux et
pleurer doucement... Schubert nous y autorise,
sans honte ni pitié, et c'est un cadeau précieux.
Paix sur terre à ceux qui souffrent : paix à tous!

Il n'y a pas à choisir, bien sûr, entre Mozart et
Schubert – et pas davantage à oublier la leçon
héroïque de Beethoven. Mais ni la grâce ni le courage ne suffisent : nous ne sommes pas des héros, ni
des génies. Nous sommes des hommes ou des
femmes ordinaires, autant dire, soyons francs, de
petits enfants. Il a fallu grandir, et l'on ne peut.
Aimer, et l'on ne sait. Être aimé? Si nous l'étions,
si nous pouvions l'être, Schubert nous ferait-il
pleurer à ce point?

Schumann

JE n'ai jamais aimé Schumann : jamais pu,
jamais su, jamais voulu peut-être... Ce n'est pas
faute d'avoir essayé. Pour aucun musicien je n'ai
fait autant d'efforts, pour aucun avec aussi peu de
succès. J'en suis resté, le concernant, à l'espèce
d'ennui accablé de mes débuts, lorsque j'écoutais
et réécoutais – parce que c'étaient de grands dis-
ques du moment – la *Première Sonate* par Pollini ou
les *Kreisleriana* par Horowitz. Il se trouve que je
n'apprécie guère ces interprètes, et cela a pu jouer.
Mais Nat, plus tard, n'y a rien changé, et pas
même – sauf de loin en loin, comme des trouées
dans la brume – Clara Haskil ou Dinu Lipatti, que
je vénère. Toujours est-il que les *Kreisleriana*, que
Schumann aimait tant, sont restées pour moi,
depuis ce début difficile, le symbole de tout ce qui
me pèse dans sa musique, comme le rappel d'une

rencontre manquée ou peut-être impossible. Je les
écoute encore en ce moment. De la poésie? Oui,
sans doute. De l'émotion? Je n'en disconviens pas.
Mais l'une et l'autre comme encombrées d'elles-
mêmes, empêtrées dans je ne sais quelle réflexivité
savante ou morbide. Musique à la fois bruyante et
atone, brillante et opaque. C'est du moins ainsi
qu'elle me paraît, et certes cela ne prouve rien.
Mais comment écrirais-je autre chose que ce qui
me paraît, vrai ou faux, et comme cela me paraît?
D'un écrivain talentueux et vide, il arrive que l'on
se dise avec regret : «Ce n'est que de la littérature.» De Schumann, j'ai bien souvent pensé :
«Ce n'est que de la musique...» Je ne doute pas
que ce soit un grand éloge aujourd'hui pour beaucoup, mais que m'importe? Cette musique, c'est
littérature encore, c'est littérature toujours. Du
sens rajouté au monde : du sens en trop, comme un
engorgement d'âme. Cela ne coule pas; cela
stagne, cela monte, cela déborde, cela envahit
tout... Comme le monde devient sombre! Comme
la vie devient lourde! Trop de sens; pas assez de
vérité. Trop de rêve; pas assez de lumière. Si c'est
cela le romantisme (et c'est cela bien souvent), à
quoi bon? Au reste, la poésie et l'émotion, dans les
Kreisleriana, ne me sont apparues que peu à peu, et
bien plus tard. Longtemps je n'y ai vu que des sons
habiles et vains, qui me lassaient. Comme l'autre
imbécile avec Mozart, et sans doute aussi sotte-

ment, j'aurais dit volontiers : « trop de notes »
– d'autant plus que c'étaient toujours les mêmes,
me semblait-il, comme une répétition inlassable de
soi, jusqu'au dégoût, comme un bavardage ininter-
rompu dont on n'entendrait que des bribes, juste
assez pour reconnaître que c'est toujours la même
voix, toujours le même discours, mais insignifiant,
confus, presque incompréhensible... « Cela ne
chante pas, me disais-je, cela parle... » Mais pour
dire quoi ? Et à qui ? Trop de notes, trop vite, trop
fort : cela manque d'air, d'espace, de silence. Oui,
cette envie de baisser le son, bien souvent, ou d'arrêter le disque... Voilà : écoutant Schumann, il me
semble presque constamment que le silence vaudrait mieux. Mon excuse est que j'ai toujours su
que j'avais tort, toujours accepté d'avance cette
incompréhension comme ma limite, non la sienne,
toujours reconnu son génie et mon incompétence.
Que j'aime Schubert, cela n'ajoute rien à Schubert ; que je n'aime pas Schumann, comment cela
pourrait-il lui retirer quelque chose ?

Je n'en peste pas moins, depuis des semaines,
contre cette bêtise : avoir accepté d'écrire un
papier sur un musicien (on me l'avait demandé
pour cela, très expressément) que je n'aime pas !
La gageure m'avait d'abord séduit, comme
m'avait paru louable, dans un programme qui lui
est consacré, de laisser ainsi la parole, parmi tant
de thuriféraires probables, à une âme rétive ou

bornée... Plus les jours ont passé toutefois, plus l'incongruité de la démarche m'est apparue, et d'autant plus que j'écoutais davantage Schumann, des journées entières, des semaines entières, sans guère de résultats d'ailleurs, si ce n'est cette désolation morne que je ne reconnais que trop, cette angoisse qui monte, cette lassitude, avec aussi malgré tout une espèce d'intimité croissante, il faut bien, comme entre compagnons obligés, dans les voyages ou les vacances, comme une familiarité forcée, à la fois douce et pesante, avec ses bons moments, ses presque plaisirs, ses émotions partagées, et avec tout cela pourtant (ou pour cette raison même?) de moins en moins d'envie d'en parler... Mais enfin il faut assumer ses engagements autant que ses refus. Que je n'aime pas Schumann, cela ne lui ôte rien, mais peut éclairer ceux qui l'aiment, qui sait, ou qui l'aimeront. Les *happy few* ont besoin de cette *unhappy crowd* : si tout le monde aimait Schumann, ce ne serait plus Schumann... Quant à mon incompétence, elle fait partie du jeu : les musicologues sont légion, et c'est tant mieux ; l'écoute naïve n'en a pas moins ses droits, ses mérites, ses vertus. Que vaut la subtilité d'une écriture, si elle ne fait rien à l'oreille ou au cœur ? Enfin l'idée de cet article n'est pas de moi, je l'ai dit ; que les schumanniens me pardonnent donc mon impiété ou mon incompréhension, et surtout cette impudeur d'en parler.

On sait que Schumann adorait la musique de Schubert, qu'il contribua (surtout comme critique musical) à faire connaître. Cela suffirait à me le rendre sympathique. Enfant d'ailleurs leurs deux noms me paraissaient interchangeables, sans doute pour cette syllabe commune, et cette germanité commune, et ce romantisme, me semblait-il, commun... Je n'ai appris à les distinguer, beaucoup plus tard, qu'en entrant dans Schubert : Schumann était l'autre, celui, décidément, dans lequel je n'entrais pas. Non pourtant qu'il n'y eût entre eux certaines ressemblances, qu'il m'arrivait de percevoir. Mais cela même desservait Schumann : il me paraissait un Schubert sans le chant, un Schubert sans Schubert, donc, une musique sans âme, sans lumière, sans grâce, avec je ne sais quoi d'empêché, d'avorté, comme une confidence qui tournerait court. Schumann parlait des «divines longueurs» de Schubert; c'est l'inverse qui me gêne chez lui : tout est trop bref, trop court, la longueur des œuvres ne paraissant résulter – hélas, sans rien de divin! – que d'une accumulation de miniatures. Puis cette tristesse écrasante... Schubert fait pleurer, bien souvent, mais nos larmes alors contribuent à nous soulager : c'est le deuil qui opère, la douceur qui revient... Rien de tel, me semble-t-il, chez Schumann : ni larmes, ni douceur, ni deuil. Quoi? Je ne sais. Peut-être l'accablement d'exister, le dégoût de soi ou de tout,

l'horreur de durer et de mourir... Michel Schnei-
der, dans le beau livre qu'il lui a consacré, observe
que « la musique de Schumann est, pour reprendre
les termes de Freud, au-delà du principe de plaisir : elle est d'un autre ordre, celui de la répétition,
de la pulsion de mort, de la détresse ». Peut-être.
Le fait est qu'elle ne m'a presque jamais procuré la
moindre satisfaction (sauf, parfois, dans les *Scènes
d'enfants*, ou le *Concerto pour piano*, ou tel passage des
lieder...), jamais le moindre bonheur, la moindre
paix, la moindre joie, et toujours suscité en moi, au
contraire, et plutôt à la longue que par éclairs, une
espèce d'abattement, comme une déperdition
d'être ou d'énergie, que Spinoza aurait appelée la
tristesse (« le passage à une perfection moindre »,
disait-il), que j'appellerais plutôt le dégoût, et qui
n'est pas autre chose peut-être, pour parler propre-
ment, que la mélancolie... Soit, en termes freudiens
là encore : le deuil impossible. Ou plus simplement : la vie inconsolable. Oui, il y a cela chez
Schumann, me semble-t-il, la douleur à l'état pur,
l'horreur sans pardon, l'angoisse sans issue. Comment pourrait-on les chanter ? Y a-t-il même
quelque chose à chanter ? C'est plutôt comme une
absence, comme un vide insupportable. Pas de
chant, pas de cris, pas de larmes : Schumann compose comme si de rien n'était (et rien n'est, en effet,
que ce rien même), la voix blanche, comme voilée
de ténèbres. Une blessure ? Sans doute, mais sans

cicatrice et peut-être sans plaie. Une souffrance ?
Certes, mais sans objet et pour cela sans fin... Un
masque, mais sans visage. Un miroir, mais vide.
Un lent effondrement de l'âme. Un ennui étouffant, écrasant, oppressant. Et la musique là-dessus,
la musique malgré tout, à la fois assourdie et
assourdissante, avec je ne sais quoi de lointain ou
de brouillé, comme saturée de notes et de néant,
trop pleine de vide, trop pleine de soi, et cherchant
à masquer − plutôt qu'à dire ou surmonter −
l'abîme atroce et morne... Il se peut que la biogra-
phie fasse écran, entre sa musique et nous, et que
l'image de la maladie, trop facilement, vienne
nommer mes réticences. Le fait est que j'aime surtout les génies les plus sains, les plus clairs, les plus
lumineux : Bach, Mozart, Beethoven... La vie est
bien assez difficile comme cela. Qu'a-t-on-besoin
de la folie ? La vérité suffit. La souffrance suffit. Et
même à génie comparable (car ceux-là de trop
haut sans doute le dépassent), comme la santé de
Brahms me paraît plus émouvante que la folie de
Schumann ! Quant à Schubert, il occupe là encore
une espèce d'entre deux ; moins indestructible
qu'un Bach, bien sûr, moins aérien qu'un Mozart,
moins héroïque qu'un Beethoven, moins robuste
qu'un Brahms, il ne cesse pourtant de résister au
malheur : ce n'est pas tant la santé qui lui a man-
qué que la chance, que le succès, que le bonheur,
et il fait ce qu'il peut pour s'en passer... Sa

musique lui fait du bien, comme à nous, elle l'apaise, elle le libère. On a l'impression que celle de Schumann l'enferme davantage, qu'elle lui fait du mal, qu'elle est pathogène, anxiogène, dépressiogène... Me revient en mémoire la formule injuste et profonde de Goethe : «J'appelle classique ce qui est sain, romantique ce qui est malade.» Schumann est bien, en ce sens, le plus romantique des très grands musiciens. Il est le romantisme fait musique, comme on l'a dit, au point qu'on ne peut guère discerner chez lui ce qui tient à l'esthétique, celle de son époque, celle de ses goûts, et ce qui tient au tempérament pathologique ou morbide. Non qu'il doive son génie à la folie, ni que les deux nécessairement soient liés, comme si celle-ci était le prix à payer pour celui-là ! C'est un thème trop romantique pour n'être pas suspect, et d'ailleurs suffisamment réfuté par l'histoire. La folie de Schumann était une maladie, voilà tout, et du cerveau, peut-être bien, davantage que de l'âme. Or, les maladies n'ont jamais donné de génie à personne ; pourquoi faudrait-il que le génie rende malade ? Puis il y a trop de contre-exemples, et les plus grands de tous. Mais quand la maladie est là, en revanche, le génie doit bien s'y confronter, s'y adapter, s'y soumettre enfin en quelque chose. Le romantisme a peut-être sauvé Schumann, au moins un temps, qui transformait ses fantasmes en mirages, ses abîmes en musique, ses démons en personnages... Un carnaval, qu'est-ce d'autre qu'une folie pour rire ? Chacun ses remèdes, chacun ses exorcismes. La musique de Schumann peut être bénéfique pour certains, qu'elle aidera à se trouver. Je ne pourrais que m'y perdre, me semble-t-il, et c'est peut-être ce qui m'empêche d'y entrer.

(Une anecdote. Il y a quelques années, j'arrive chez un de mes amis, qui m'avait invité à dîner. « Avant le repas, me dit-il, il faut que je te fasse écouter un morceau de musique. Je veux bien être pendu si tu devines de qui c'est ! » Il met le disque : c'est un morceau pour piano, assez plaisant, assez habile, un peu ennuyeux... Cela ressemble à du Schumann. Mais c'est un morceau que je ne connaissais pas, et puis Schumann n'aurait pas justifié tant de mystères, tant de surprise annoncée... Enfin, cela à dû entrer en ligne de compte, cet ami était professeur de philosophie... Je me jette à l'eau ; je dis, un peu au hasard : « Cela pourrait être de Nietzsche... » C'était en effet le cas, et la surprise, pour le coup, fut de l'autre côté. Ce n'était qu'un petit jeu, qui ne prouve rien sur mes connaissances. Mais cette espèce de ressemblance, entre leurs deux musiques, m'éclaire sur mon incapacité à aimer l'un ou l'autre de ces deux génies qui moururent fous, ainsi

que sur ce que l'apologie nietzschéenne de la
« grande santé » recouvre de souffrance, d'angoisse, de pathologie... J'en veux moins à Schumann, qui fit moins semblant.)

La mélancolie, chez Schumann, n'est pas cet
état léger, doux, presque agréable qu'elle est parfois chez Mozart et souvent chez Schubert. Le
mot, à son propos, prend son sens psychiatrique :
celui d'une psychose, celui d'un enfermement,
d'un enfoncement suicidaire... Il n'y a pas lieu
bien sûr de le lui reprocher. Le plaindre, plutôt, et
l'admirer – pour tant de courage, pour tant d'obs-
tination, pour tant de musique arrachée à la nuit...
L'aimer ? Cela ne se commande pas, et tant pis
pour moi si je n'y suis pas parvenu.

Il y a des merveilles pourtant, bien des morceaux, pour l'ignorant que je suis, qui pourraient
être de Schubert (la *Rêverie*), de Beethoven (le
Concerto pour piano ?), de Brahms (le *Concerto pour vio-
loncelle*, le *Quintette pour piano et cordes*), voire de
Mahler (par exemple, mais c'est peut-être à cause
de Kathleen Ferrier, dans *L'amour et la vie d'une
femme*), et tout cela néanmoins d'une si schuman-
nienne et si mystérieuse unité... Oui. Mais comment dire ? Cela ne me donne ni force ni courage.
On dira que la musique n'est pas là pour ça, et au
fond cela se peut. Encore faudrait-il qu'elle donnât

alors du plaisir, et c'est ce que Schumann ne m'a que bien rarement procuré, je l'ai dit, et toujours mêlé d'angoissc ou d'ennui. J'observe d'ailleurs que ceux de mes amis qui l'aiment, il y en a quelques-uns, sont pianistes au moins amateurs, et avouent préférer le jouer plutôt que l'écouter. C'est aussi ce que disait Roland Barthes : « Schumann ne fait entendre pleinement sa musique qu'à celui qui la joue, même mal. » Un musicien pour les musiciens ? Peut-être bien, et cela m'éclaire encore sur mon refus. Il faudrait aimer la musique en elle-même, pour elle-même, et la connaître sans doute de l'intérieur. Ce n'est pas mon cas, et je ne regrette rien : le monde suffit, la vie suffit. On dira que s'ils suffisaient vraiment, il n'y aurait pas Schumann... Mais pourquoi faudrait-il partager son échec ou sa folie ? J'ai assez à faire avec ma propre mélancolie pour ne pas m'encombrer de la sienne. Le monde est un meilleur maître, et le seul ; le silence est un plus sûr remède, et plus vrai.

J'en ai assez dit, et trop peut-être. Je ne veux gâcher le plaisir de personne. Ceux qui aiment Schumann ont bien sûr raison, puisqu'il n'y a pas d'autre raison, en ces domaines, que d'aimer. Puis Schumann a sa vérité aussi, qui en fait autre chose et plus qu'un esthète. Je ne sais plus qui disait : « Je n'ai pas peur de l'ennui ; l'ennui, c'est la vérité à l'état pur. » C'est peut-être ce que j'entends chez Schumann, et qui me repousse : l'ennui et l'horreur du vrai. Non qu'un tel sentiment me soit étranger, au contraire. Mais la vérité est ce qu'elle est, que je n'oublie guère : j'ai besoin, non qu'on m'y ramène, mais qu'on m'aide à la supporter, à l'accepter, à l'aimer. Que ce soit possible, c'est ce que d'autres musiciens, non Schumann, m'ont fait entendre. La joie du vrai, la douceur du vrai, le courage du vrai... Mozart, Schubert, Beethoven...

Pardonnez-moi d'aimer ceux qui m'éclairent plutôt que ceux qui me ressemblent.

Jésus

Les Évangiles m'ennuient, comme la Bible, comme le Coran, comme tous les textes religieux. Écrits par des dévots, et pour des dévots. Écrits par des disciples, et pour en faire. *Révélation*, disent-ils ; mais ses vrais noms sont prosélytisme, crédulité, propagande. Quel genre littéraire plus suspect ? Quelle lecture plus indigeste ? Quelques pages font exception, dans l'Ecclésiaste ou parfois dans les Évangiles. Mais que de bondieuseries, le plus souvent, et quel ennui au bout de vingt lignes ! Toute superstition est lassante. Dieu nous préserve des prophètes et des apôtres.

Quel plaisir, sortant de l'Église catholique, vers dix-huit ans, quelle joie, quelle jubilation, quand j'ai découvert les Grecs ! La liberté d'un Épicure, d'un Aristote, leur noblesse, leur courage, leur lucidité... C'était comme la jeunesse de l'esprit, miraculeusement préservée, retrouvée, recommencée, toujours disponible et libératrice ! Ce fut ma Renaissance à moi, après le long Moyen Age de l'enfance... Lumière grecque : lumière de la raison. J'aimais surtout les matérialistes. Ceux-là ne faisaient pas semblant d'être dans les confidences du Bon Dieu. L'humanité leur suffisait. Le monde leur suffisait. Ils se contentaient, modestement, fièrement, de tout, en tout cas ils auraient eu honte de chercher autre chose. Les lisant, lisant en même temps Spinoza, lisant Marx et Freud, je fus, pendant quelques années, vigoureusement antichrétien. C'était la rage des apostats. Il faut bien que jeunesse se passe.

Ce qui m'a amené à plus de mesure, à plus de compréhension, c'est surtout la lecture de deux livres, bien différents l'un de l'autre mais exceptionnels tous deux. L'un purement historique et universitaire : *Le Christ et le salut des ignorants chez Spinoza*, d'Alexandre Matheron. L'autre plus libre, plus personnel, bouleversant de beauté : *Les Dieux*, d'Alain (surtout pour la quatrième partie : « Christophore »). Ce que j'y ai découvert ? Que cette philosophie que j'aimais tant, cette sagesse de l'amour (Spinoza) ou de l'amitié (Épicure), n'était sans doute pas si éloignée, quant à son contenu humain, voire, s'agissant de Spinoza, était expressément débitrice de l'esprit des Évangiles, de « l'esprit du Christ », comme disait Spinoza, du moins si on savait l'arracher aux Églises et le nettoyer de superstition. Ou pour le dire autrement : que tout était vrai, dans cette religion comme dans d'autres, sauf la religion même. Vous prenez le christianisme, vous retirez le Bon Dieu, la Résurrection, l'Immaculée Conception, etc., et vous avez un résumé assez juste, c'est au fond ce que montre Spinoza dans le *Traité théologico-politique*, de ce que n'importe qui doit croire ou comprendre (et bien sûr comprendre vaut mieux) s'il veut entreprendre, ici et maintenant, de faire son salut.

Cela m'a réconcilié avec la foi de mon enfance, ou plutôt avec la morale qui en était solidaire, réconcilié avec moi-même donc, avec l'enfant que j'avais été, que j'étais encore, et surtout cela m'a ramené au Christ, du moins à une certaine image que je m'en suis faite : celle d'un homme libre et doux, qui préférait l'amour à la puissance, et qui en est mort, atrocement, ignominieusement, sur une croix. C'est le contraire du Dieu tout-puissant, du Dieu vengeur, ce n'est plus un Dieu du tout et c'est le seul qui m'émeuve.

Quant au Jésus historique, je n'en sais bien sûr pas plus que quiconque, autant dire presque rien. Si l'on se fie, faute de mieux, aux Évangiles, on a le sentiment d'abord d'un exalté sympathique, d'une espèce de prédicateur itinérant, évidemment sincère, évidemment désintéressé, qui annonçait à tous l'imminence du Jugement dernier ou de la fin des temps... Qu'il se soit trompé est assez clair, et sans grande importance. Je veux croire qu'il comprit, en cours de route, qu'il finit par comprendre que l'essentiel n'était pas là : que le Royaume de Dieu n'était pas ce qui devait advenir, mais ce qui avait déjà commencé. Non seulement «tout proche», comme dit l'Évangile de Marc, mais ici même. Non à venir, mais présent, mais à vivre, ici et maintenant à vivre. Non promis, mais donné. Objet non d'espérance mais d'amour, non de foi mais de connaissance. «Je veux croire» : autant dire que je n'en sais rien. Mais c'est le Christ que j'aime, celui que je me suis forgé peu à peu, celui qui m'accompagne, et le seul qui m'éclaire. C'est le Christ de Spinoza, je l'ai dit, ou un Christ spinoziste, et cela revient au même. C'est le Christ d'Alain : l'enfant nu, entre le bœuf et l'âne, l'esprit crucifié, entre deux voleurs. C'est donc le Christ de tout le monde − la Crèche, le Calvaire −, celui des mythes et des légendes, le seul que nous connaissions, le seul au fond qui importe, mais libéré de religion, mais ne promettant rien d'autre que tout, lui aussi − comme les Grecs, comme les vrais maîtres −, et pas d'autre royaume que celui-là même où nous sommes déjà... Ce Christ, même hétérodoxe (mais que vaut la *doxa* dans ces domaines ?), même inventé (comment faire autrement ?), n'est pourtant pas sans rapport avec les textes du Nouveau Testament, du moins avec certains d'entre eux. Par exemple dans l'Évangile selon saint Luc : « Les Pharisiens lui ayant demandé quand viendrait le Royaume de Dieu, il leur répondit : "Le Royaume de Dieu ne vient pas comme un fait observable. On ne dira pas : 'Le voici' ou 'Le voilà'. Car le Royaume de Dieu est en vous" » *(entos humôn),* ou « parmi vous », ou « au milieu de vous » (toutes ces traductions, quoique moins évidentes, sont acceptables), ou peut-être mieux encore, et comme disait l'Évangile de Thomas, le Royaume de Dieu est en même temps « en vous et en dehors de vous ». C'est ce que Guillemin, dans *L'affaire Jésus,* appelait à juste titre « la grande révélation-divulgation qu'apportait le Nazaréen », dont je dirais volontiers qu'elle met fin pour moi à toute religion révélée, et même à toute religion. Si le Royaume est en nous, et si nous sommes dans le Royaume, à quoi bon la foi et l'espérance ? Plus rien n'est à croire ; tout est à connaître. Plus rien n'est à espérer ; tout est à aimer. Cela rejoint la leçon des mystiques, en tous pays. Par exemple Nâgârjuna : « Tant que tu fais une différence entre le nirvâna et le samsâra, tu es dans le samsâra. » Mon Christ intérieur dirait volontiers de même : « Tant que tu fais une différence entre le Royaume et ce monde de misère, tu es dans ce monde de misère. » C'est la Bonne Nouvelle des Évangiles, tels que je les lis : nous sommes déjà sauvés. Mais singulièrement rude : puisqu'elle ne laisse rien d'autre à espérer ! La supporte qui peut, et nous ne le pouvons guère. L'espérance est plus facile ; la religion est plus facile. Mais « il faut se tenir au difficile », comme dit Rilke : cela indique le chemin, où nous sommes déjà, où nous avançons comme nous pouvons, dans la fatigue, dans la souffrance, dans l'angoisse – dans la joie parfois. C'est ce que j'ai appelé la sagesse du désespoir, que le Christ appellerait plutôt la sagesse de l'amour, et c'est lui bien sûr qui a raison. Rien à croire, rien à espérer. Pas d'autre salut que de vivre, pas d'autre salut que d'aimer : le Royaume, c'est ici-bas ; l'éternité, c'est maintenant.

Non pourtant que le monde soit Dieu. Nul panthéisme, chez Jésus, nulle adoration de la nature, nulle idolâtrie du réel. Le monde est soumis à la force, à la puissance, à la violence – et Dieu, non. La nature est sauvage, injuste, indifférente – et Dieu, non. Le monothéisme est passé par là, qui nous a purifiés du paganisme. Quel Juif pourrait adorer le réel, le monde, la force ? Et quel Juif plus juif que Jésus ? Le monde est le Royaume, si l'on veut, ou plutôt *dans* le Royaume – mais le Royaume, rappelle l'Évangile de Jean, « n'est pas de ce monde ». C'est où la religion revient, ou renaît. La religion seule ? Je n'en suis pas sûr. On peut appeler « Dieu » cela, dans le monde, qui n'y est pas, qui lui échappe, qui le sauve, son exception et sa règle, sa blessure et son secret, et il est vrai alors que « Dieu est amour », comme dit Jean *(o Théos agapè estin)*, puisque l'amour fait défaut, presque toujours, puisque l'amour ne brille que par son absence, puisqu'il ne règne, ici-bas, que par le manque en nous qu'il suscite ou qui le rêve. L'amour est Dieu, si l'on veut, puisque tous les autres sont de faux dieux. L'or ? Paganisme. La puissance ? Paganisme. L'État ? Paganisme. La Loi ? Paganisme. La Nature ? Paganisme. La vérité ? Paganisme. Il n'y a qu'un seul Dieu, et c'est un Dieu d'amour, et c'est l'amour comme Dieu.

Mais faut-il y croire comme à quelque chose d'existant ? de tout-puissant ? de transcendant ? Jésus sans doute aurait répondu oui, du moins si l'on se fie, là encore, aux Évangiles. Sur ce point, et malgré leur caractère tardif, je m'y fie volontiers : c'était un Juif pieux ; pourquoi aurait-il rejeté la foi de ses ancêtres ? Je note pourtant que, même croyant en Dieu, il ne s'est guère prétendu son fils, sinon dans des passages équivoques (« mon Père », dit-il, mais chacun de nous peut le dire aussi bien...), ni ne s'est présenté comme étant Dieu lui-même ou son incarnation ici-bas. Avec quelle insistance, en revanche, il ne cesse de se dire « fils de l'homme » ! Qu'on ait pu tirer des Évangiles une théologie, ou plusieurs, en dit long sur la créativité humaine. Et que de bons esprits aient pu croire dur comme fer à la Trinité, à l'Incarnation, à la conception virginale et divine de Jésus, à sa résurrection, tout cela en dit long sur l'aveuglement commun, sur notre besoin de croire et d'espérer. Cela ferait sourire, si les conséquences n'avaient été atroces. L'Inquisition, les guerres de religion, des siècles de haine et de fanatisme... Dire qu'ils se sont combattus, excommuniés, massacrés, pour savoir ce qu'il en était vraiment de Dieu, ou de ces trois «Personnes», comme ils disaient, comme ils disent encore (le Père, le Fils, le Saint-Esprit), qui constitueraient l'unicité consubstantielle de son essence! La vérité c'est qu'ils n'en savaient rien, bien sûr, que personne n'en sait rien, et que cela n'a aucune importance. Le vrai message de Jésus est ailleurs. Outre l'immanence (plutôt que l'imminence!) du Royaume, c'est évidemment un message de charité, de justice et de miséricorde. Ces trois messages se rejoignent, ou plutôt n'en font qu'un : pas d'autre royaume que l'amour, que la justice, que le pardon, et c'est pourquoi le Royaume n'est pas de ce monde, ni dans un autre, c'est pourquoi le Royaume est au cœur de l'homme, *entos humôn*, ou n'est rien.

On ne répétera jamais assez la grande formule d'Alfred Loisy : «Jésus annonçait le royaume, et c'est l'Église qui est venue.» Mon chemin fut à l'inverse : quitter l'Église, et toute Église, pour essayer d'habiter quelque peu (si peu, mais parfois un peu tout de même) ce royaume où nous sommes, ou qui est en nous, et qui nous manque, absurdement qui nous manque, tant que nous désirons autre chose que ce qui est, tant que nous aimons autre chose que tout. Les Béatitudes, la parabole de l'enfant prodigue, celle du bon Samaritain, le récit de la femme adultère... disent l'essentiel : Jésus, « maître doux et humble de cœur », est cet israélite qui substitua, comme on l'a dit, la loi de l'amour à l'amour de la Loi, qui fit de l'amour le seul absolu, le seul commandement, ou celui du moins qui justifie tous les autres. Qu'importent le sabbat, les rites ou les interdits alimentaires ? « Il ne s'agit plus du pur et de l'impur, remarque Gérard Bessière, il s'agit de l'amour et du pardon. » Les prostituées précèdent les pharisiens dans le Royaume, et celui qui dit « j'aime Dieu » et qui n'aime pas son frère ou son ennemi est un menteur. Voilà pour moi le vrai message du Christ, celui en tout cas que je retiens : l'amour vaut plus que la religion ; l'amour est la seule religion qui vaille.

Qu'importent, même, la récompense ou le châtiment ? Il est vraisemblable que Jésus, comme beaucoup de Juifs de son temps, croyait en une vie après la mort. Mais aussi qu'il perçut de plus en plus tout ce qu'une telle croyance avait d'inessentiel, d'anecdotique, de presque dérisoire. D'abord parce que ce n'est qu'une croyance, qu'on ne peut prouver et qui ne prouve rien − sinon le mélange d'ignorance et d'angoisse qui la suscite. Ensuite, et surtout, parce que cette croyance passe à côté de l'essentiel. Résurrection ou pas, qu'est-ce que cela change à la valeur de l'amour, de la justice, du pardon ? Et qu'est-ce que cela change, même, à la souffrance, à la misère, à l'horreur ? La foi ? L'espérance ? Le Christ n'avait ni l'une ni l'autre, explique Thomas d'Aquin, puisque qu'on ne peut croire et espérer qu'à la condition de ne pas savoir. L'argument ne vaut bien sûr, dans la *Somme théologique*, que parce que l'on suppose la divinité de Jésus, et donc son omniscience. Une telle affirmation, sous la plume du Docteur angélique («le Christ n'a eu ni la foi ni l'espérance»), donne toutefois, même pour les croyants, un sens singulier − singulièrement fort, singulièrement exigeant − à ce qu'un livre fameux appelle, c'est son titre, *« l'imitation de Jésus-Christ »*. Comment imiter en lui l'espérance ou la foi, s'il n'avait ni l'une ni l'autre ? Comment imiter autre chose en lui que la connaissance et l'amour ? Où l'on retrouve Spinoza, mais je ne veux pas m'y attarder. Disons plutôt que pour l'athée que je suis, la remarque de Thomas d'Aquin («Le Christ n'a pas eu la foi et l'espérance, à cause de ce qu'il y a d'imperfection en elles ; mais à la place de la foi il eut la vision à découvert, et à la place de l'espérance, la pleine compréhension »), tout en relevant d'une autre interprétation, dit sans doute l'essentiel : ce que le Christ savait de tout temps, s'il était Dieu, ce qu'il a peut-être compris peu à peu, s'il n'était qu'un homme, comme je le crois, n'est-ce pas simplement que c'est l'amour qui sauve, non la foi, non l'espérance (ou la foi seulement en l'amour, l'espérance seulement en l'amour), que c'est l'amour qui est Dieu, et que cela est vrai dès maintenant, dès ici-bas, *entos humôn*, qu'il n'y a pas d'autre salut à espérer que l'amour, pas d'autre religion que d'aimer, et tant pis pour nous si nous n'en sommes pas capables, si l'amour toujours nous manque, si la haine et la violence ne cessent de l'emporter, et nous emportent... Il m'arrive de penser que c'est ce que le Christ ne comprit que sur la croix − « *Mon Dieu, mon Dieu, pourquoi m'as-tu abandonné ?* » −, où il est notre frère vraiment, et le plus humain de tous les dieux : parce qu'il connaît enfin notre solitude, notre détresse, notre désespoir, parce qu'il est du côté des faibles et des victimes, définitivement, parce qu'il est le seul dieu tragique, celui qui souffre, celui qui meurt, celui qui n'est pas un dieu, parce qu'il découvre que l'amour n'a jamais sauvé personne, et que c'est pourtant le seul salut qu'on puisse humainement désirer.

Incipit tragœdia : Dieu est mort, l'humanité commence, et toujours − sur une croix − recommence.

Sources

Les textes qui composent ce livre ont déjà été publiés, sous une forme souvent très différente, dans des revues ou recueils. En voici la liste :

« Bonjour l'angoisse ! » a servi de préface au n° 36 de la revue *Confrontations psychiatriques* (« L'anxiété »), Paris, 1995.

« L'argent » a paru – sous le titre « La passion de consommer » – dans la revue *Autrement,* série Mutations, n° 132 (« L'argent »), Paris, 1992.

« La correspondance » faisait partie du Catalogue de l'exposition *Plis d'excellence,* Musée de La Poste, Paris, 1994.

« Le goût de vivre » a paru dans la revue *Incroyance et foi,* n° 54 (« Pourquoi ne pas vivre ? »), Paris, 1990.

« Mourir guéri ? » fut d'abord la conclusion du catalogue de l'exposition *L'homme et la santé,* Cité des Sciences et de l'Industrie de la Villette, Paris, Seuil, 1992.

« Le suicide » a paru dans le n° 14-15 de la revue *Agora* (« Autour du suicide »), Paris, 1990.

« Le deuil » a paru – sous le titre « Vivre, c'est perdre » – dans la revue *Autrement,* série Mutations, n° 128 (« Deuils »), Paris, 1992.

« Le nihilisme et son contraire » faisait partie d'un dossier que *Le magazine littéraire* consacrait au nihilisme, dans son n° 279, Paris, 1990.

Une première version, très brève, du texte consacré à Mozart avait paru – sous le titre « Mozart est une éthique » – dans le n° 1353 (« Spécial Mozart ») du *Nouvel Observateur,* Paris, 1990.

Le texte sur Schubert fut écrit – sous le titre « Schubert ou la musique comme travail du deuil » – pour la revue *Reflets du Périgord Noir* (revue du Festival de Musique du Périgord Noir), n° 3, Montignac, 1991.

Le texte sur Schumann m'avait été demandé pour le *Programme du Cycle Robert Schumann* (où il parut sous le titre « Schumann ou la mélancolie »), Le Châtelet, Théâtre musical de Paris, 1992.

Enfin le texte sur Jésus m'avait été demandé (pour un dossier consacré à « Jésus sans frontières ») par la revue *L'actualité religieuse dans le monde,* hors série n° 4, Paris, 1994.

Table

DU MÊME AUTEUR

AUX PRESSES UNIVERSITAIRES DE FRANCE

Traité du désespoir et de la béatitude : t. 1 : *Le mythe d'Icare,*
  1984, 11ᵉ éd., 1995 ; t. 2 : *Vivre,* 1988, 5ᵉ éd., 1996.
Une éducation philosophique, 1989, 5ᵉ éd., 1995.
Valeur et vérité (Études cyniques) , 1994, 2ᵉ éd., 1995.
Petit traité des grandes vertus, 1995.

CHEZ D'AUTRES ÉDITEURS

Tombeau de Victor Hugo (en collaboration), Quintette,
  1985.
Paroles d'amour (en collaboration), Syros-Alternatives,
  1991.
Pourquoi nous ne sommes pas nietzschéens (en collabora-
  tion), Grasset, 1991.
L'amour la solitude, Paroles d'Aube, 1992, 12ᵉ éd., 1995.
« Je ne suis pas philosophe» (Montaigne et la philosophie) ,
  Honoré Champion, 1993.
Le Temps et sa flèche (en collaboration), Frontières,
  1994.
Camus : De l'absurde à l'amour (en collaboration),
  Paroles d'Aube, 1995.
Arsène Lupin, gentilhomme philosopheur (avec François
  George et Jean Rumain), Éditions de l'Aiguille
  Preuve, 1995.

Imprimé en France
Imprimerie des Presses Universitaires de France
73, avenue Ronsard, 41100 Vendôme
Septembre 1996 — Nᵒ 42 714